LE

DROIT ROMAIN

RÉSUMÉ EN

TABLEAUX SYNOPTIQUES

PAR

A. WILHELM

RÉPÉTITEUR DE DROIT

MATIÈRES DE L'EXAMEN DE DEUXIÈME ANNÉE

TROISIÈME ÉDITION
REVUE ET AUGMENTÉE DE NOTES EXPLICATIVES

PARIS

CHALLAMEL AÎNÉ, LIBRAIRE-ÉDITEUR

5, RUE JACOB, 5

Et chez tous les Libraires de Droit.

—

1882

.

LE

DROIT ROMAIN

RÉSUMÉ EN

TABLEAUX SYNOPTIQUES

PAR

A. WILHELM

RÉPÉTITEUR DE DROIT

MATIÈRES DE L'EXAMEN DE DEUXIÈME ANNÉE

TROISIÈME ÉDITION
REVUE ET AUGMENTÉE DE NOTES EXPLICATIVES

PARIS

CHALLAMEL AINÉ, LIBRAIRE-ÉDITEUR

5, RUE JACOB, 5

Et chez tous les Libraires de Droit.

1882

PRÉFACE

DE LA TROISIÈME ÉDITION

Je donne aujourd'hui une nouvelle édition de cet opuscule, après en avoir plus que doublé l'importance par l'addition de notes explicatives, ainsi que je l'ai fait pour la brochure afférente au premier examen de baccalauréat. Je me suis, notamment, efforcé de compléter, dans des termes aussi succincts que possible, la partie des tableaux relative à la théorie des actions, dont l'étendue ne répondait qu'insuffisamment au programme.

Toutefois, la forme et le cadre primitifs de l'ouvrage ont été entièrement respectés, comme présentant de réels avantages au point de vue de la préparation des examens.

A. WILHELM.

NOTA. — *Les petits chiffres suivis d'un point —* 1. — *servent à renvoyer le lecteur aux notes explicatives.*

Les points controversés ont été signalés à l'attention des étudiants par le signe : Controv.

NOTES EXPLICATIVES.

Des Hérédités qui sont déférées ab intestat.

1. Le pécule *Castrense* d'un fils de famille qui n'a pas testé ne forme pas, durant la période classique, une hérédité légitime, faute de *Sacra privata* à transmettre : il en est de même des biens d'un *servus publicus ;* pourtant l'un et l'autre peuvent laisser une hérédité testamentaire.

2. Avant Justinien, l'individu dont le testament est déclaré *inofficiosum* par suite de l'exercice de la *querela* est considéré comme intestat : cet effet ne se produit plus après la réforme de Justinien qui maintient, nonobstant le succès de la *querela*, toutes les dispositions testamentaires autres que l'institution d'héritier.

3. Le *Crimen perduellionis* entraîne la perte des *jura sepulcri* et des *sacra privata* et l'annulation rétroactive de la qualité d'héritier chez le *suus necessarius ;* pourtant Septime Sévère maintient, en faveur des héritiers, les droits de patronage.

Si la condamnation est encourue pour un autre crime, après suicide *metu criminis* ou *consciencia delicti*, les héritiers siens continuent les *sacra*.

En dehors de ces cas, le coupable mort avant jugement conserve l'intégralité de ses droits.

LIVRE III.

Modes d'acquérir les Droits.

Modes d'acquisition

à titre universel :
- Hérédité,
- *Manus* (disparue sous Justinien),
- Adrogation,
- *Addictio bonorum libertatis causa,*
- *Venditio bonorum,*
- Application du sénatus-consulte claudien (abrogé par Justinien).

à titre particulier : Obligations

- **réelles —** qui se contractent par la remise de la chose,
  - *mutuum,*
  - commodat,
  - dépôt,
  - gage ;

- **verbales**
  - *dictio dotis,*
  - *jusjurandum liberti,*
  - stipulations . . . .
    - conventionnelles,
    - judiciaires,
    - prétoriennes,
    - édilitiennes,
    - communes ;

- **littérales**
  - *nomina transcriptitia,*
  - *chirographa,*
  - *syngraphæ ;*

- **consensuelles**
  - *emptio-venditio,*
  - *locatio - conductio*
    - *rerum,*
    - *operarum,*
    - *operis,*
  - *societas,*
  - *mandatum,*
  - pactes,
  - contrats innomés ;

- **résultant**
  - d'un quasi-contrat ;
  - d'un délit
    - *furtum,*
    - *rapina,*
    - *damnum,*
    - *injuria ;*
  - d'un quasi-délit.

I. DES ACQUISITIONS A TITRE UNIVERSEL.

Des Hérédités qui sont déférées ab intestat (Titres 1 a 6).

Meurt intestat
- celui qui n'a point fait de testament ; [1.]
- celui dont le testament est
  - *injustum* (1),
  - *ruptum,*
  - *irritum,*
  - *destitutum* ou *desertum ;* [2.]
- celui qui, après sa mort, est reconnu coupable de haute trahison (ses biens sont dévolus au fisc). [3.]

(1) Voir le sens de ces expressions aux matières de l'examen de première année, page 53.

NOTES EXPLICATIVES.

Divers Ordres de succession ab intestat.

1. La classe des héritiers siens du droit civil embrasse tous les individus tombés sous la puissance du *de cujus* par suite de légitimation (*causæ probatio, erroris causæ probatio*, mariage subséquent, rescrit du prince et oblation à la curie).

Pour déterminer la qualité d'héritier sien, on se place au moment de la délation de la succession, c'est-à-dire, en général, à la mort du testateur, mais parfois aussi à la survenance de la cause qui entraîne ouverture de la succession *ab intestat*, par exemple, à la défaillance de la condition d'une hérédité testamentaire. Toutefois, le *suus* doit avoir été placé, d'une manière médiate ou immédiate, sous la puissance du *de cujus* et avoir été au moins conçu avant la mort de celui dont il doit être l'héritier sien.

2. Le *postliminium* produit un effet rétroactif : il en est de même d'une légitimation obtenue par rescrit impérial après la mort du père et d'une *restitutio per omnia* accordée par l'Empereur à la suite d'une condamnation criminelle.

3. Le père vivant, mais sorti de la famille par émancipation, peut être représenté par ses enfants dans la succession de leur aïeul.

4. Il est entendu qu'ils ne doivent pas avoir perdu le bénéfice de cette situation par une *capitis deminutio.* — Les femmes agnates au delà du degré de sœurs sont exclues grâce à une jurisprudence inspirée par le même esprit que la loi *Voconia*.

5. Les enfants simplement conçus sont réputés nés d'après une doctrine admise au temps de Cicéron.

6. Dans cet ordre d'héritiers la conception n'est pas considérée comme équivalant à la naissance.

M. Accarias estime que la gentilité était réciproque et ne présupposait pas nécessairement un affranchissement originaire.

7. Il est fait exception, toutefois, pour le dernier ordre, celui des *Gentiles.*

M. Accarias pense que le principe de la non-dévolution n'existait pas à l'origine pour les agnats, et ne leur a été appliqué que dans un but de restriction contre cet ordre d'héritiers.

Succession des enfants émancipés.

La succession des enfants émancipés est dévolue :

1° Dans l'ancien droit, aux *sui heredes*, puis au *manumissor ;*

2° Sous les Empereurs, aux *sui heredes*, au *bonorum possessor unde decem personæ*, à la mère à défaut du père ;

3° Sous Justinien, aux descendants, aux frères et sœurs, enfin au père émancipateur (le contrat de fiducie est inhérent à la nouvelle forme d'émancipation).

Les biens de la mère prédécédée font retour aux seuls frères et sœurs qui sont ses enfants.

La succession des fils de famille ne constitue pas dans l'ancien droit une hérédité légitime : Théodose et Valentinien attribuent les *lucra nuptialia* aux descendants, puis aux frères, puis au père, le *paterfamilias* gardant le reste des biens *jure peculii ;* Justinien ne laisse à ce dernier que l'usufruit ; la mère concourt avec les frères et sœurs.

Les mêmes règles sont applicables aux biens composant les pécules *castrense* et *quasi castrense.*

Divers Ordres de succession ab intestat.

Suivant la loi des Douze-Tables

Héritiers siens

les individus placés sous la puissance du *de cujus* à son décès, [1]

les posthumes, pourvu qu'ils soient nés dans les dix mois de la mort du *de cujus*,

le fils de famille qui, captif au décès du *de cujus*, recouvre ses droits par le *juspostliminii*, [2]

venant
- directement, s'ils sont au premier degré (le partage a lieu par tête) ;
- par représentation, s'ils sont aux degrés subséquents (la répartition a lieu par souche et les héritiers se partagent la part qu'aurait recueillie leur auteur s'il eût survécu) ; [3]
- toujours nécessairement, c'est-à-dire sans adition d'hérédité (1) ;

Agnats

individus étant, ayant été, ou ayant pu être sous la puissance d'un même *paterfamilias* ; [4]

le plus proche en degré, au moment de l'ouverture de la succession *ab intestat*, exclut le plus éloigné ; [5]

le partage a toujours lieu par tête.

Gentils [6]

1re opinion (2). — Familles issues du même tronc — parenté éloignée ;

2e opinion (3). — Agrégation politique et religieuse d'individus participant au même vote et aux mêmes sacrifices ;

3e opinion (4). — Rapport entre les familles d'origine perpétuellement ingénue et les descendants des affranchis qui leur doivent la liberté. — La qualité de gentils et les droits d'hérédité appartiennent exclusivement aux membres de la famille supérieure et ne sont pas réciproques ;

4e opinion (5). — La gentilité est fondée sur la tradition d'une origine commune, les gentils participent au même vote et aux mêmes sacrifices ; dans certains cas la gentilité peut être le rapport entre les familles de patrons et les descendants d'affranchis ou de clients — conciliation des trois systèmes précédents.

NOTA. La succession n'est dévolue qu'une fois dans chaque ordre d'héritiers. [7]

Individus écartés par la loi des Douze-Tables

enfants émancipés ;

id. donnés en adoption ou adrogés après émancipation ;

enfants de l'émancipé, nés ou conçus avant l'émancipation de leur père, et qui, demeurés dans la famille de leur aïeul, sont écartés de la succession de leur père ;

les agnats *capite minuti* ;

tous individus précédés dans leur ordre par un héritier plus proche en degré et exclus, en vertu du principe de non-dévolution, au cas où cet héritier ne recueille pas la succession ;

les descendants par les femmes, sauf les enfants de la femme *in manu* ;

les femmes agnates au delà du degré de sœurs.

(1) Voir *loc. cit.*, page 57.
(2) MM. Ducaurroy et Troplong.
(3) M. Giraud.
(4) M. Ortolan.
(5) M. Labbé.

NOTES EXPLICATIVES.

Successions ab intestat (Suite).

1. Ces individus, bien qu'assimilés aux héritiers siens, ne sont pas héritiers nécessaires : ce sont des successeurs prétoriens qui n'arrivent à la propriété quiritaire que par voie d'usucapion.

La *Collatio bonorum* est due non seulement par les héritiers eux-mêmes, mais encore par ceux qui bénéficient indirectement de la succession acquise à un *alieni juris*, et par les enfants émancipés admis à la *bonorum possessio contra tabulas*.

2. Claude avait accordé à une mère, par faveur individuelle, la succession légitime de ses enfants.

3. Cette limite est également celle du *jus nominandi potioris* (cas d'excuse de la tutelle), du droit de recueillir un legs de plus de 1000 as (loi *Furia*), et de la *solidi capacitas* (lois Caducaires).

4. Aucun d'eux n'est héritier nécessaire.

5. Ils excluent les agnats à partir du troisième degré. Les descendants de frères et sœurs ne sont pas admis à jouir de leurs privilèges.

6. La mère et les enfants ont droit à la *bonorum possessio unde legitimi ;* mais ils constituent cependant une classe intermédiaire, et, à leur défaut, il y a dévolution aux agnats proprement dits.

7. Le père vient comme héritier s'il a émancipé le *de cujus*, sinon, comme *bonorum possessor*. La mère est préférée à l'aïeul, fût-il émancipateur, à moins pourtant que le père ne survive.

Constantin admet les oncles paternels et leurs descendants au premier et au deuxième degrés à concourir avec la mère : celle-ci a les 2/3 si elle a le *jus liberorum*, et le 1/3 dans le cas contraire. Valentinien et Valens étendent cette règle aux frères émancipés, et Valentinien III limite uniformément à 1/3 le droit des collatéraux.

La mère remariée après la mort de son fils, perd au profit des frères et sœurs la nue propriété des biens venus du père commun (const. de Théodose et de Valentinien) : elle partage avec le fils du défunt *in adoptiva familia*.

8. S'ils sont *alieni juris*, la succession constitue le pécule adventice et le père en a l'usufruit; s'ils sont *sui juris*, Théodose et Valentinien accordent au père l'usufruit d'une part virile.

L'enfant doit, dans le principe, être ingénu ; il est réputé tel si sa mère, affranchie par fidéicommis, n'est accouchée en état d'esclavage que par suite d'un retard de l'héritier. Sous Justinien, l'enfant succède à sa mère dès lors qu'il est libre au moment de l'ouverture de la succession.

En revanche, Justinien décide que les enfants *vulgo concepti* d'une mère illustre ne peuvent lui succéder ni par testament, ni *ab intestat*.

9. Cette constitution, qui règle également les droits des descendants par les femmes, réserve 1/4 de la succession pour les agnats : cette réserve est abrogée par Justinien.

---

10. Elle pouvait également obtenir ce droit par un rescrit impérial. Deux jumeaux ne comptent que pour un enfant. La mère est privée de la succession *ab intestat* de son enfant, si elle omet de lui faire nommer un tuteur.

Successions *ab intestat* (Suite).

Suivant le droit prétorien :

Héritiers siens (*Bonorum possessio unde liberi*)[1] :

- enfants émancipés par le *de cujus* ;
- enfants conçus après l'émancipation de leur père (succession de l'aïeul) ;
- enfants conçus avant l'émancipation de leur père (succession de leur père) ;
- enfants donnés en adoption ou adrogés après émancipation (succession de leur père naturel), à la condition qu'ils n'appartiennent plus à leur famille adoptive ;
- enfants devenus *sui juris* par la *maxima* ou *media capitis deminutio* de leur père qui a recouvré ensuite le droit de cité ;
- ils ne sont admis que moyennant la *collatio bonorum*, c'est-à-dire le rapport à la masse des biens qu'ils ont acquis grâce à leur sortie de la famille — ce rapport n'est dû qu'à l'*heres suus* auquel préjudicie le *bonorum possessor* ; il ne s'étend pas aux pécules.

Agnats — Le droit prétorien, défavorable au lien purement civil de l'agnation, n'introduisit aucun parent dans l'ordre des agnats.

Cognats (*Bonorum possessio unde cognati*) :

- tous individus unis au *de cujus* par les liens du sang, à savoir :
- agnats *capite minuti* et leurs descendants (1) ;
- agnats exclus par le principe de non-dévolution ;
- enfants donnés en adoption et présents dans la famille adoptive au moment du décès de leur père ;
- parents par les femmes ;
- femmes agnates au delà du degré de sœurs ;
- enfants *vulgo quæsiti* pour la succession de leur mère et de leurs parents maternels ;
- enfants naturels pour la succession de leur mère, de leurs parents maternels et de leur père, s'il est certain ; [2]
- le droit de succession s'arrête au sixième degré (2) ; [3]
- la dévolution est permise dans l'ordre des cognats ;
- la parenté servile suivie d'affranchissement ne donne pas droit à la *bonorum possessio* ;
- la *bonorum possessio* est accordée au plus proche en degré.

Suivant les constitutions impériales :

Héritiers siens [4] :

- les descendants par les filles sont assimilés aux descendants par les mâles ; concourant avec des héritiers siens, ils prennent les 2/3 de la part qu'eût recueillie leur mère; concourant avec des agnats, ils ont droit aux 3/4 (const. de Théodose, Arcadius et Valentinien).

Agnats [6] :

- les frères et sœurs émancipés concourent avec les frères et sœurs restés en puissance et prennent la moitié de leur part proportionnelle (const. d'Anastase) ; [5]
- la mère jouissant du *jus liberorum* (3) succède à ses enfants légitimes ou naturels décédés sans postérité ni frères consanguins ; la mère concourt avec les sœurs et est exclue par le père (sén. cons. Tertullien). [7]
- les enfants, sans distinction de sexe ou de situation, succèdent à leur mère en première ligne (sén. cons. Orphitien) ; [8]
- cette disposition a été étendue aux petits-enfants pour la succession de leur aïeule (const. de Théodose, Arcadius et Valentinien); [9]
- les enfants venant en vertu du sén. cons. Orphitien sont préférés à la mère appelée par le sén. cons. Tertullien.

---

(1) Pourvu que l'agnation ne résulte ni d'adoption, ni d'adrogation : car, dans ce cas, il n'y a pas de cognation naturelle.

(2) Excepté pour les enfants des cousins issus de germains (septième degré).

(3) Pour jouir du *jus liberorum*, une femme devait avoir mis au monde trois enfants viables si elle était ingénue, quatre si elle était affranchie. [10]

NOTES EXPLICATIVES.

Successions ab intestat (Suite).

1. La représentation n'y sera introduite que par la Novelle 127.

2. Il n'est plus question de sexe, de qualité ni de puissance ; la représentation est admise, même pour l'incapable.

Pourtant la puissance vaut encore au *paterfamilias* l'usufruit du pécule *adventice* et, notamment, d'une succession échue à son fils *alieni juris*.

3. Les ascendants, lorsqu'ils sont seuls, succèdent par tête et par ligne ; s'ils concourent avec les frères et sœurs, chacun prend une part virile ; mais l'usufruit des ascendants sur les biens du défunt s'éteint.

4. Cette faveur cesse en cas de mort de tous les frères et sœurs.

5. Ces deux derniers groupes viennent par tête, et la succession est entièrement dévolue au plus proche.

La limitation reste sans doute la même que pour la succession prétorienne des cognats.

6. Le principe de la dévolution est définitivement admis, et il n'y a plus d'héritiers siens et nécessaires : la distinction entre les *sui* et les *extranei* n'existe plus que pour les hérédités testamentaires.

Les novelles excluent de toute succession les hérétiques : leurs parts sont dévolues à leurs cohéritiers catholiques ou subsidiairement à l'Eglise, si l'hérédité provient d'un clerc, ou au fisc, si elle provient d'un laïque.

Les biens vacants sont attribués à l'*Ærarium* (loi *Julia*), puis plus tard au fisc : il en était ainsi dans l'ancien droit pour les biens des vestales intestates. Le fisc a quatre ans pour réclamer la succession ; il ne paie les dettes que jusqu'à concurrence de l'actif, mais est tenu des legs et fidéicommis. Si la succession est solvable, les affranchissements testamentaires sont sans effet, parce que le fisc est un héritier *ab intestat ;* si elle est insolvable, ils peuvent être exécutés grâce à l'*addictio bonorum.*

Par exception, les biens vacants d'un décurion sont acquis à la curie, et ceux des prêtres et religieux à leur église ou monastère.

Nota. — L'hérédité *ab intestat* peut être, dans l'ancien droit, cédée *in jure* par un héritier externe qui n'a pas encore fait adition ; après l'adition, la cession ne s'applique plus qu'aux choses corporelles ; aussi éteint-elle les créances, tout en laissant les dettes à la charge de l'héritier.

De l'assignation des affranchis.

7. Cette mesure a été autorisée sous Claude, *Suillio Rufo et Osterio Scapula Consulibus.*

8. Le droit d'assignation n'appartient qu'au patron seul et est intransmissible : la patronne en est toujours privée.

L'assignation peut être faite au profit d'un exhérédé ; elle peut aussi être faite simultanément à un fils émancipé et à un fils en puissance, pourvu que le père ait encore deux fils en puissance.

9. Cette faveur ne s'impute pas sur la Falcidie, car elle ne fait pas partie de l'hérédité du patron.

10. La révocation tacite pourrait résulter d'une exhérédation.

11. L'adoption produirait le même effet.

12. S'il y a plusieurs bénéficiaires, la défaillance de l'un d'eux profite aux autres et non à ses enfants.

La mort du patron avant l'affranchi éteint l'assignation, qui peut comporter un terme initial ou une condition suspensive.

Successions *ab intestat* (Suite).

Sous Justinien :

Héritiers siens
- les enfants adoptés par tout autre qu'un ascendant conservent leurs droits de succession dans leur famille naturelle et succèdent *ab intestat* à leur père adoptif ;
- les enfants adoptés par un ascendant changent de famille et supportent les conséquences de ce changement (1) ;
- les descendants par les filles excluent définitivement les agnats (2).

Agnats
- les frères et sœurs émancipés et leurs enfants au premier degré concourent avec ceux qui sont demeurés dans la famille et partagent avec eux sur le pied de l'égalité ;
- les frères et sœurs utérins cognats par les femmes et leurs enfants au premier degré concourent avec les frères et sœurs agnats ;
- la dévolution est admise dans l'ordre des agnats ; [1]
- la mère bénéficie du sén. cons. Tertullien, alors même qu'elle n'aurait eu qu'un enfant, elle exclut tous autres que les descendants et les frères et sœurs ; s'il y a des sœurs, elle prend la moitié ; s'il y a des frères et sœurs, on partage par tête.

Système des novelles 118 et 127, — cinq classes d'héritiers:
- 1° les descendants ; [2]
- 2° les ascendants en concours avec :
  - les frères et sœurs germains, par tête, [3]
  - leurs descendants au premier degré, par représentation ; [4]
- 3° les frères et sœurs germains et leurs enfants, en raison du privilège du double lien ;
- 4° les frères et sœurs consanguins ou utérins ;
- 5° les autres collatéraux. [5]
- Il n'est plus tenu compte de l'agnation, ni de la différence entre les possessions de biens et l'hérédité. [6]
- La *bonorum possessio unde vir et uxor* est maintenue.

De l'assignation des affranchis (Titre 8). [7]

L'assignation d'un affranchi
- a pour but de transférer à un ou plusieurs enfants du patron le droit exclusif de patronage sur un affranchi ;
- peut être faite par le *paterfamilias* seul, en faveur d'un individu placé sous sa puissance, sans distinction de sexe ni de degré ; [8]
- est réalisée, soit par testament, soit de toute autre manière ; [9]
- s'évanouit :
  - par révocation, [10]
  - par émancipation du bénéficiaire de l'assignation, [11]
  - par la mort du bénéficiaire sans postérité. [12]

---

(1) Voir les effets de l'adoption sous Justinien aux matières de l'examen de première année (page 21).

(2) Ils n'ont cependant encore droit, contre des héritiers siens, qu'aux deux tiers de la part qu'aurait eue leur mère.

NOTES EXPLICATIVES.

Succession des affranchis.

1. Ils partagent toujours par tête, même s'ils sont les ayants cause de copropriétaires pour des parts inégales.

2. C'est la *bonorum possessio dimidiæ partis :* enfant *naturel* est ici opposé à enfant *adoptif.*

3. L'affranchi est alors dit : *centenarius ;* le même droit appartient aux descendants mâles, *per masculos,* du patron et même à ses filles et descendantes, si elles ont le *jus liberorum,* c'est-à-dire trois enfants.

4. Les enfants de la patronne, fussent-ils *vulgo quæsiti,* succèdent à ses droits.

5. Ce droit suppose donc que l'affranchi a 100.000 sesterces et moins de trois enfants.

6. Le même droit appartient aux descendants mâles du patron, ainsi qu'à ses filles, pourvu qu'elles aient le *jus liberorum.*

7. Ce droit fait partie de la succession du patron et passe à ses descendants, à l'exclusion des héritiers externes, à moins d'exhérédation nominative (Sén. Cons. Largien); mais, contrairement à ce qui a lieu pour le droit de patronage, il reste proportionnel aux droits sur l'esclave devenu latin. Si ce dernier devient citoyen malgré son patron par un rescrit impérial, il ne peut laisser une hérédité légitime, ni instituer un autre que son patron (Edit de Trajan). Adrien lui permet de faire la *Causæ probatio* et de recouvrer par là la plénitude de ses droits.

Les biens des affranchis déditices sont attribués à leur patron *jure successionis* ou *jure peculii,* suivant qu'ils eussent été citoyens ou latins.

8. L'affranchi est dit : *major seu minor Centenario.*

9. Ce tiers est franc et quitte de toute charge et de tout legs; il en était différemment de la part attribuée au patron par la *bonorum possessio dimidiæ partis.*

Nota. — Le patron peut faire révoquer tous actes d'aliénation tendant à diminuer ses droits; il a dans ce but l'action *Calvisiana* si l'affranchi est intestat et l'action *Faviana* en cas de testament; il doit prouver le dol des contractants si l'acte est à titre onéreux, sinon, peu importe la bonne foi du tiers. Le patron a même droit de réclamer sa part contre le fisc en cas de confiscation.

Quant aux aliénations qui avaient pour but de faire descendre la fortune de l'affranchi au-dessous de 100.000 sesterces, elles étaient radicalement nulles.

Droits des enfants naturels.

Ils succèdent à leur mère en vertu du Sén. Cons. Orphitien ; peut-être admis au début du droit prétorien à la succession de leur père comme cognats, ils en sont plus tard entièrement exclus *ab intestat :* par testament, ils ne peuvent recevoir plus de 1/12 s'ils concourent avec des descendants légitimes et 3/12 vis-à-vis de tous autres institués. Leur mère naturelle a les mêmes droits restreints.

Sous Justinien, *ab intestat* ils ont droit à des aliments contre les descendants et l'*uxor ;* contre tous autres, ils prennent 2/12 sur lesquels la mère prélève une part virile. La concubine sans enfant n'a aucun droit. Par testament, s'il existe des enfants légitimes, les enfants naturels ne peuvent recevoir plus de 1/12 qu'ils partagent avec la concubine : celle-ci seule peut obtenir 1/24. En l'absence de descendants, ils ne peuvent avoir plus de moitié, puis la novelle 89 les assimile à des étrangers. Les enfants adultérins ou incestueux sont frappés par Arcadius et Honorius d'une incapacité absolue.

Succession des affranchis (Titre 7).

I La succession des affranchis est dévolue,

D'après la loi des Douze-Tables

- *ab intestat*
  - aux héritiers siens de l'affranchi { enfants légitimes, enfants adoptifs, *uxor in manu* ;
  - à défaut d'héritiers siens, au patron et à ses enfants jouant le rôle d'agnats, sans distinction de sexes.[1]
- en cas de testament
  - à quiconque est régulièrement institué, fût-il étranger ;
  - la femme affranchie ne pouvait tester qu'avec le consentement de son patron.

D'après le droit prétorien

- *ab intestat*
  - aux enfants légitimes de l'affranchi ;
  - par moitié { aux enfants adoptifs ou à l'*uxor in manu*, au patron ou à ses enfants mâles.
- en cas de testament
  - le patron pouvait obtenir, contre tout institué autre qu'un enfant naturel, la *bonorum possessio contra tabulas* jusqu'à concurrence de la moitié du patrimoine de l'affranchi.[2]

D'après la loi *Papia Poppæa*

- au patron — même en concours avec les enfants naturels, si l'affranchi a laissé 100.000 sesterces et moins de trois enfants (il a droit à une part virile) ;[3]
- à la patronne[4]
  - affranchie, mère de trois enfants ;[2]
  - ingénue,
    - mère de deux enfants — elle jouissait des avantages accordés aux patrons par le droit prétorien ;[2]
    - mère de trois enfants — elle avait en outre le droit de prendre une part virile contre les enfants naturels.[5]

(L'affranchie mère de quatre enfants, étant libérée de la tutelle, peut tester sans autorisation ; le patron a droit à une part virile dans la succession.)[6]

Observation. — Ces règles sont applicables aux seuls affranchis citoyens romains ; quant aux Latins-Juniens, ils n'ont point le droit de tester et leur patron recueille leurs biens *jure peculii.*[7]

Sous Justinien :

- *ab intestat*
  - aux enfants de l'affranchi, même nés en esclavage, pourvu qu'ils soient libres lors de l'ouverture de la succession ;
  - au patron, à la patronne et à leurs enfants ;
  - aux cognats du patron et de la patronne jusqu'au cinquième degré ;
  - au conjoint du *de cujus.*
- en cas de testament
  - aux enfants institués, à l'exclusion du patron ;
  - à tout institué, si la fortune est de moins de 100 sous d'or ;[8]
  - pour un tiers au moins au patron, si la fortune dépasse cette somme.[9]

NOTES EXPLICATIVES.
Des possessions de biens.

1. La *bonorum possessio* dérive des *vindiciæ* ou attribution de possession par le magistrat, suivant les *legis actiones*, dans la *petitio hereditatis*. — C'est une *possessio juris* et non *rerum*; elle s'applique donc aux créances; l'usucapion qui en est le couronnement a pour point de départ la prise de possession effective; le *bonorum possessor* est protégé par la *petitio hereditatis possessoria* ou par les actions fictices; il n'est pas assujetti aux *sacra* du défunt, mais il a les *jura sepulcri*.

2. La *bonorum possessio contra tabulas* est donnée *contra lignum*; une fois déférée, elle reste ouverte à tous les ayants droit, quels que soient leurs titres et nonobstant tous événements postérieurs. Elle est donc accordée, notamment, aux héritiers institués qui y gagnent de ne pas exécuter les legs; sans cette règle, leur situation eût été moins bonne que celle des omis. — Le droit à cette possession de biens se perd par toute adhésion à la volonté du testateur, par exemple, par l'acceptation d'un legs. — Elle laisse subsister les exhérédations, les substitutions pupillaires, la *datio tutoris*; elle ne réduit que de moitié l'institution d'héritiers externes en concours avec des descendantes omises. Elle neutralise en partie les institutions et efface les legs, fidéicommis et donations, sauf ceux qui sont adressés à un descendant, à un ascendant, à l'épouse, ou à la bru. D'après une constitution d'Antonin, les mêmes, institués héritiers, ont droit à une part virile nonobstant la délation de la *bonorum possessio contra tabulas*. — L'héritier sien omis l'obtient sans aucune charge. — Elle est donnée pour moitié au patron ou à ses descendants (*bonorum possessio dimidiæ partis*); il en est de même pour le père émancipateur, à moins que le fils n'ait testé avec les privilèges militaires. — En vertu d'une décision de Julien, le fils resté en puissance partage avec son père émancipé sa part dans la succession de l'aïeul : la défaillance de l'un d'eux profite exclusivement à l'autre.

La *bonorum possessio contra tabulas* oblige celui qui en profite à faire la *collatio bonorum*.

3. La *bonorum possessio secundum tabulas* suppose que le testateur s'est soumis à la forme prétorienne (sept témoins) ou à la forme nuncupative; dans ce dernier cas, la *bonorum possessio* est dite : *secundum nuncupationem*.

4. Elle n'est accordée qu'aux mâles descendants par les mâles.

5. Les descendants n'y ont recours que s'il s'agit de la succession d'une femme ou s'ils sont *in adoptiva familia*.

6 La *bonorum possessio unde cognati* peut être demandée par ceux qui ont négligé d'en réclamer une précédente; elle compète, en outre, à tous les cognats laissés de côté par le droit civil ancien ou par les constitutions impériales : elle peut être demandée par les enfants *vulgo quæsiti* même entre eux; par les enfants naturels, peut-être même, jusqu'à Léon, à l'égard de leur père; par les enfants nés *ex contubernio* depuis Justinien. Elle est accordée en considération du degré seul et sans tenir compte de la qualité.

7. D'autres lisent : *tanquam ex familia*; suivant cette version, elle passerait avant celle des cognats.

8. Cette *bonorum possessio* serait, suivant les uns, la succession remontant au patron du patron d'un affranchi et à sa famille; suivant d'autres, elle serait dévolue au patron, à la patronne et à leurs enfants et devrait être ainsi libellée : *unde patronus patronaque, liberi et parentes patroni patronæve*.

Des possessions de biens (TITRE 9).

La possession de biens, ou succession prétorienne, est un droit conféré par le préteur à certaines personnes, pour confirmer, étendre ou corriger le droit civil. [1]

Les possessions de biens sont

ordinaires

testamentaires
- *contra tabulas* (1) — pour contredire un testament valable ; [2]
- *secundum tabulas* — pour exécuter un testament nul selon le droit civil ; [3]

ab intestat
- *unde liberi* (2) [4] — pour les héritiers siens et assimilés ;
- *unde legitimi* — donnée
  - aux agnats,
  - à la mère (sén. cons. Tertullien),
  - aux enfants (sén. cons. Orphitien),
  - aux patrons et à leurs descendants ;
- *unde decem personæ* — donnée à dix cognats de l'individu affranchi *ex mancipio*, par préférence au *manumissor extraneus* investi des droits de patronage ; [5]
- *unde cognati*
  - pour les cognats jusqu'au 6° degré, [6]
  - pour les enfants d'issus de germains ;
- *unde vir et uxor* — donnée, en l'absence de *manus*, au conjoint survivant non divorcé ;
- *tum quem ex familia* — donnée aux agnats du patron ; [7]
- *unde patronus et patrona, liberique eorum et parentes* — donnée au patron du patron et à sa famille ; [8]
- *unde cognati manumissoris* — donnée aux cognats du patron.

extraordinaires — *uti ex legibus* — donnée, en vertu d'une disposition législative, dans les successions testamentaires ou *ab intestat*.

sont
- *edictales* — données en vertu d'un édit ; (voir page 94 ci-après).
- *decretales* — données après examen de l'espèce.

sont
- *cum re* — possession efficace donnée à l'héritier du droit civil ou à son défaut ;
- *sine re* — possession provisoire laissant le possesseur exposé à la revendication de l'héritier du droit civil (voir page 94 ci-après).

La *bonorum possessio* devait être demandée
- dans le délai d'un an, pour les descendants et ascendants ;
- dans le délai de cent jours pour les autres.
- Ces délais se composent de jours utiles.

---

(1) Elle n'est accordée qu'à ceux que le droit prétorien oblige à instituer ou à exhéréder ; elle est donnée aux exhérédés et aux omis ; elle dispense de toute charge. Toutefois celui qui répudie une *bonorum possessio* testamentaire pour en avoir une *ab intestat* est obligé par le préteur à acquitter les legs dont il eût été tenu.

(2) Abréviation de la phrase : « *ea pars édicti unde liberi vocantur.* » La *bonorum possessio unde liberi* oblige à la *collatio bonorum* : cette charge est imposée au bénéficiaire lui-même s'il est *sui juris* ou sinon à son *paterfamilias* ; le rapport doit être fait dans l'année, avec garantie de fidéjusseurs, et n'est dû qu'aux *sui* et dans la mesure du préjudice qui leur est causé. Sont rapportables tous les biens acquis au *bonorum possessor*, après déduction du passif, des biens donnés *dignitatis causa* et de la dot reçue de la femme.

Une constitution de l'empereur Léon oblige tout descendant à rapporter la dot ou la donation à cause de noces à la succession de l'ascendant.

Sous Justinien, le rapport comprend tous les biens, sauf ceux qui, entrant dans la composition des pécules, échappent à l'acquisition du père.

NOTES EXPLICATIVES.

De l'adrogation.

1. Les créances de l'adrogeant contre l'adrogé s'éteignent et ne revivent pas par l'émancipation.

2. Il en est de même des *operæ liberti* et des droits déduits en justice.

3. Il y a là une dérogation à la règle : *servitus servitutis esse non potest*. Les droits déduits en justice passent également à l'adrogeant.

4. C'est une succession et non un droit de pécule.

5. Il est tenu sur ses biens propres et passible d'actions directes. Le silence de Justinien sur ce point semble indiquer qu'il entend assimiler les dettes de cette provenance aux dettes contractuelles.

6. La survivance des actions directes n'empêche pas l'exercice de l'action noxale.

7. En fait l'adrogation d'un insolvable était évitée grâce à l'enquête préalable.

8. Les actions accordées sont alors utiles et fictices : si l'adrogeant refuse d'y défendre, les biens de l'adrogé sont vendus en masse ; sous Justinien, il y a lieu à la *distractio bonorum*. Ulpien, considérant les biens de l'adrogé comme formant une sorte de pécule, donnait, contre l'opinion des Sabiniens, l'action *de peculio ;* cette doctrine ne tenait pas compte du défaut de tout consentement antérieur aux dettes.

9. Ici les actions sont utiles, mais non plus fictices ; l'adrogeant doit fournir la caution *judicatum solvi*. Il en serait différemment des biens d'un esclave acquis *per universitatem* (homme libre vendu frauduleusement comme esclave — révocation d'affranchissement pour ingratitude).

Nota. — Les règles de l'adrogation sont applicables à l'acquisition par la *manus ;* toutefois, le *coemptionator* fiduciaire doit restituer les biens et voit revivre les droits que la confusion aurait pu éteindre. Le mari n'est pas tenu des dettes d'une femme *alieni juris* tombée *in manu* et n'ayant, par suite, rien apporté.

Addictio bonorum libertatis causa.

10. La première application de cette *addictio* remonte à un rescrit de Marc-Aurèle à *Popilius Rufus*.

L'abstention de l'héritier sien *ab intestat* est considérée comme une répudiation ; au contraire, l'*addictio* est sans objet s'il s'agit d'une hérédité testamentaire, puisque l'abstention n'empêche pas les affranchissements d'être exécutés par le magistrat.

Le fisc est considéré comme un héritier, suivant l'avis de Papinien.

11. Les premiers appelés à demander l'*addictio* sont les esclaves affranchis par testament.

En cas de concours, on attribuait les biens à celui des intéressés qui promettait le premier dans l'année une satisdation.

12. L'esclave doit promettre paiement à un créancier stipulant au nom de tous les autres : ceux-ci ont des actions fictices.

Celui qui obtient l'*addictio* peut se faire promettre certaines compensations par les autres esclaves ; ceux qui préfèrent l'esclavage peuvent y demeurer.

13. Dans ce cas, celui qui obtient l'*addictio* doit désintéresser intégralement les créanciers et l'*emptor bonorum*.

De l'adrogation (TITRE 10).

Les biens et créances de l'adrogé

avant Justinien :
- passent en pleine propriété à l'adrogeant, [1]
- à l'exception
  - des droits d'usufruit et d'usage éteints par la *minima capitis deminutio,* [2]
  - du *peculium castrense* qui reste propre à l'adrogé.

sous Justinien :
- passent à l'adrogeant en usufruit seulement : — les droits d'usufruit et d'usage lui sont également acquis ; [3]
- sont acquis définitivement à l'adrogeant si l'adrogé meurt sans descendants ni frères ni sœurs. [4]

Les dettes de l'adrogé

- provenant d'une hérédité — passent sur la tête de l'adrogeant qui en est tenu comme un héritier ; [5]
- résultant d'un délit — subsistent contre l'adrogé. [6]
- contractées par l'adrogé
  - en droit civil, s'éteignent par la *capitis deminutio* ; [7]
  - en droit prétorien, sont maintenues, *utilitatis causa,* directement contre l'adrogé et indirectement contre l'adrogeant ; [8]
  - sous Justinien, sont recouvrées directement contre l'adrogeant. [9]

Addictio bonorum libertatis causa (TITRE 11).

L'addictio bonorum

est l'attribution du patrimoine d'un défunt faite, à défaut de tout héritier, à une personne qui s'engage à accomplir les affranchissements ordonnés par le *de cujus.* [10]

est accordée :
- à l'origine, à un esclave affranchi *mortis causa* par le *de cujus* ; [11]
- plus tard
  - au premier individu qui demandait l'*addictio* ;
  - collectivement à tous ceux qui la demandaient simultanément.
- à charge,
  - au début,
    - de donner caution aux créanciers pour le paiement intégral de leurs créances,
    - d'exécuter tous les affranchissements ;
  - sous Justinien,
    - de payer une partie des dettes,
    - d'exécuter quelques-uns des affranchissements. [12]
- en principe, jusqu'à la vente des biens ;
- sous Justinien, même dans l'année qui suit cette vente. [13]

a pour effets :
- d'empêcher la vente en masse sous le nom du *de cujus,*
- d'assurer aux créanciers une part supérieure à celle qu'ils obtiendraient par la vente en masse,
- de procurer la liberté aux esclaves affranchis par le *de cujus* (1),
- de placer l'adjudicataire dans la situation d'un *bonorum possessor,*
- de lui attribuer les droits de patronage
  - sur les esclaves qu'il affranchit,
  - sur ceux que le *de cujus* avait directement affranchis, si cette condition a été posée avant l'*addictio,*
- de laisser irrévocables les affranchissements exécutés, dans le cas où l'héritier, obtenant la *restitutio in integrum,* ferait révoquer l'*addictio bonorum.*

---

(1) Sous Justinien, au moins à quelques-uns d'entre eux.

NOTES EXPLICATIVES.

Venditio bonorum.

1. La *venditio bonorum* a été inaugurée par le préteur *Rutilius*, vers 586, c'est-à-dire peu après que la loi *Æbutia* (577 ou 583 A. U. C.) eût supprimé la *manus injectio* : c'est donc la saisie des biens remplaçant la contrainte corporelle du débiteur.

Dans l'ancien droit, il existait une *bonorum sectio ;* mais cette dénomination ne s'appliquait qu'au cas où des biens étaient vendus en masse ou en détail par le trésor : objets pris sur l'ennemi, successions vacantes ou patrimoines confisqués. Cette vente transférait la propriété quiritaire sans tradition ; les actions étaient directes et l'acheteur pouvait invoquer l'interdit *sectorium*.

2. Peu importe qu'il ait été *judicatus* ou *confessus in jure*. L'envoi en possession peut encore être demandé lorsque le débiteur s'est donné en adrogation et que l'adrogeant refuse de le défendre.

3. Il peut être pris en dehors des créanciers ; il en est autrement du *magister*.

4. Cette *lex* est affichée.

5. La vente peut aussi se faire à l'amiable : dans ce cas, le *magister* est vendeur et créancier.

Les créanciers agissent *mandati* contre le *magister* ou *in factum*, si, ne s'étant pas fait connaître à temps, ils n'ont pas concouru à sa nomination.

Si le prix offert est supérieur aux dettes, le surplus de l'actif appartient au débiteur. En cas d'offres égales entre elles, on préfère le créancier, puis le cognat, enfin l'offrant le plus solvable.

6. Il est également acheteur ; on lui donne l'interdit *possessorium* et deux actions : l'une fictice (*Serviana*), l'autre directe (*Rutiliana*) ; dans cette dernière, le nom du créancier figure dans l'*intentio* et celui du *bonorum emptor* le remplace dans la *condemnatio*.

7. La procédure extraordinaire ayant entraîné la suppression des *conventus* ou assemblées de créanciers, les formalités de la *bonorum venditio* étaient devenues impraticables.

Parmi les modes d'acquisition à titre universel, il faut ranger la confiscation. Elle est encourue par l'héritier indigne et par le condamné à une peine capitale (entraînant *maxima capitis deminutio*) ; elle peut encore être prononcée accessoirement à l'exil ou à la relégation perpétuelle.

Par dérogation au principe qui veut que la mort du coupable entraîne l'extinction des poursuites, la confiscation peut être infligée en cas de *perduellio*, en cas de suicide *metu criminis seu consciencia delicti*, ou en cas de crime capital flagrant : dans les deux premiers cas, les héritiers sont admis à y contredire ; dans le dernier, la confiscation est de droit.

Toute aliénation consentie par un accusé est nulle si la confiscation est prononcée ultérieurement.

Le fisc ne paie le passif que jusqu'à concurrence de l'actif; toutefois, les créanciers conservent le droit de provoquer la *bonorum venditio*. Sous Justinien, on réserve la part des descendants, des ascendants et des patrons, la dot de la femme et la *donatio propter nuptias*, ainsi que la portion de biens réservée à la concubine et aux enfants naturels contre des successeurs légitimes.

Venditio bonorum (Titre 12).

La *venditio bonorum* est la vente en masse des biens d'un débiteur faite par ses créanciers et entraînant l'infamie. [1]

Formalités :

L'envoi en possession

a lieu
- lorsque le débiteur se cache par fraude,
- lorsqu'il est absent et que personne ne prend sa défense,
- lorsqu'il a fait cession de biens à ses créanciers,
- lorsque, condamné par le juge, il n'a pas exécuté la sentence, [2]
- lorsque le débiteur est mort et n'a pas d'héritier ;

s'obtient par décret du préteur rendu *cognita causa* ;
dessaisit le débiteur de la garde de ses biens qui passent entre les mains des créanciers ;

dure
- trente jours si le débiteur est vivant,
- quinze jours si le débiteur est mort.

Un curateur
- est nommé par le magistrat sur la présentation des créanciers ;
- a pour fonctions d'administrer les biens. [3]

Des affiches appelées *proscriptiones* sont apposées par ordre du magistrat.

Le préteur convoque par décret les créanciers qui élisent un syndic (*magister*), chargé des opérations de la vente.

Le *magister* rédige la *lex bonorum vendendorum* (cahier des charges) qui contient l'état de l'actif et du passif du débiteur, ainsi qu'une sorte de mise à prix dont le chiffre est un dividende. [4]

L'adjudication

a lieu
- si le débiteur est vivant, trente jours
- si le débiteur est mort, vingt jours
après la nomination du syndic ;

se fait par offres d'enchères représentées par un dividende ; [5]
entraîne l'infamie pour le débiteur ;
rend l'adjudicataire *bonorum possessor*. [6]

Sous Justinien, cette procédure compliquée est remplacée par la *distractio bonorum* ou vente en détail qui n'entraîne plus l'infamie pour le débiteur. [7]

Du sénatus-consulte Claudien (Titre 12).

Le sénatus-consulte Claudien, abrogé par Justinien comme immoral, avait en vue toute femme libre qui, malgré trois avertissements donnés par le maître d'un esclave, persistait dans ses relations avec ce dernier.

En principe, cette femme tombait, elle et tous ses biens, en la puissance du maître de l'esclave.

Exceptions :
- si elle était une affranchie, elle retombait esclave de son patron, à moins qu'il n'ait eu connaissance de sa conduite ;
- si elle agissait avec l'assentiment du maître de l'esclave
  - elle était réputée son affranchie ;
  - ses enfants, à l'origine libres ou esclaves suivant les conventions avec le maître, naissaient toujours libres depuis Adrien.

II. DES ACQUISITIONS A TITRE PARTICULIER.

Des obligations en général (TITRE 13).

L'obligation est un lien de droit entre deux personnes dont l'une, le créancier, peut exiger de l'autre, le débiteur, un paiement ou un service.

L'obligation
- a pour objet une action dirigée contre la personne du débiteur.
- consiste
  - *ad dandum*, à transférer la propriété,
  - *ad faciendum*, à exécuter un fait ou à s'en abstenir,
  - *ad præstandum*, à procurer la jouissance ou la possession d'une chose.

Les obligations
- sont
  - civiles — sanctionnées par le droit civil,
  - prétoriennes ou honoraires — munies d'actions ou d'exceptions prétoriennes ;
- sont
  - de droit — dont l'exécution peut être poursuivie par les voies de droit,
  - naturelles
    - à l'exécution desquelles le débiteur ne peut être contraint par voie d'action,
    - qui sont une juste cause d'acquisition s'opposant à l'usage de la *condictio indebiti* ;
- sont
  - principales — existant par elles-mêmes, indépendamment de toute autre,
  - accessoires — se rattachant à une obligation principale ;
  - pures et simples — dont l'effet est complet, immédiat et définitif ;
- sont
  - affectées de modalités
    - terme — délai fixe ou indéterminé affectant l'exercice et non l'existence du droit,
    - condition — événement futur et incertain auquel se rattache l'ouverture ou l'extinction d'un droit,
    - clause pénale — obligation accessoire, consistant le plus souvent dans le paiement d'une somme d'argent et garantissant l'exécution de l'obligation principale.

Voir page 95 diverses règles relatives aux obligations en général.

NOTES EXPLICATIVES.

Des obligations réelles.

1. On l'appelle aussi *nomen arcarium, creditum* ou *credita pecunia*. Une délégation de débiteur est considérée comme l'équivalent d'une dation.

2. En cas de dissentiment, le *tradens* exerce une *condictio sine causa*. Cependant, s'il avait entendu donner et l'*accipiens* seulement emprunter, ce dernier, ayant agi *secundum voluntatem dantis*, repousse la *condictio* par une exception de dol.

3. La tradition indirecte ou *brevi manu* a été admise par Ulpien ; elle se réalise notamment lorsqu'un objet est remis pour être vendu, avec autorisation de garder le prix à titre de prêt. Si le prêt a lieu dans l'intérêt exclusif du prêteur, les risques de la chose vendue sont à sa charge. En outre, le *mutuum* ne se formant que par la numération des écus, l'emprunteur qui change d'avis avant de les avoir touchés n'est tenu que de l'action *præscriptis verbis* (contrats innommés). — Africain, n'admettant pas la tradition *brevi manu*, niait ces conséquences, comme contraires au principe : *ex pacto actio non nascitur*.

4. L'argent prêté est considéré comme monnaie et rendu pour sa valeur nominale. S'il y a convention de rendre des choses meilleures, le *mutuum* est nul ; au contraire, on peut, grâce à l'exception *pacti conventi*, ne rendre que des choses de moindre valeur.

5. En fait, le *mutuum* était presque toujours accompagné d'une stipulation d'intérêt.

6. Les risques ou fortunes de mer sont à la charge du prêteur durant la traversée ; l'intérêt, sans limite au début, est de 12 p. 0/0 sous Justinien. Dans la pratique, on embarquait un esclave chargé du paiement, et dont le salaire était au compte de l'emprunteur.

Tout prêt aléatoire est assujetti aux mêmes règles, à l'exception des dettes pour jeux défendus.

7. Les municipalités n'y ont été autorisées que par Justinien.

8. On la nomme aussi *actio mutui* ou *actio creditæ pecuniæ*.

Le *mutuum* étant un contrat unilatéral, l'emprunteur ne peut se faire rembourser que par l'action de dol le dommage causé par la mauvaise qualité des choses prêtées.

9. On les nomme contrats synallagmatiques imparfaits : la dation y est une *nuda traditio* ; les deux actions qui découlent de chacun de ces contrats sont *incertæ* et de bonne foi.

10. A défaut de gratuité, il y a un louage. Certains auteurs distinguent l'*utendum* et le *commodatum* selon que le prêt à usage s'applique aux immeubles ou aux meubles.

11. Il a un droit de gage ou de rétention jusqu'à remboursement.

12. Tout détournement des fruits ou tout usage anormal constitue un *furtum*. Le commodataire n'est tenu des cas fortuits que s'il a sauvé sa chose à la place de la chose prêtée.

Nota. — Il existe encore en droit romain une sorte de convention dite de précaire, consistant dans l'usage gratuit d'une chose qui doit être restituée à la première réquisition : c'est une tolérance qui n'engendre aucune obligation chez le prêteur. Le précariste perçoit les fruits ; il ne répond que de son dol et de la restitution ; il est passible de l'interdit *de precario*, tandis que ses héritiers, ne continuant pas sa possession, sont poursuivis par l'interdit *de clandestina possessione*. On y recourait en cas de non paiement du prix de vente et en cas de gage.

---

13. Cette action, cumulable avec la précédente, dispense de prouver le droit de propriété : en cas de consommation de bonne foi, le prêteur a la *condictio* (cette *condictio* est *sine causa* suivant les uns, tandis que, d'après les autres, elle serait la conséquence d'une *reconciliatio mutui* ; cette dernière opinion fait revivre les sûretés accessoires).

Des obligations réelles (Titre 14).

Mutuum (prêt de consommation)

contrat unilatéral, de droit strict, entraînant :
- aliénation des choses prêtées, [1]
- obligation d'en restituer de pareilles ;

conditions

de capacité :
- chez le prêteur :
  - qualité de propriétaire,
  - capacité d'aliéner (1) ;
- chez l'emprunteur :
  - capacité de s'obliger,
  - autorisation du père pour le fils de famille (voir ci-dessous page 85 — observation) ;

- consentement réciproque des contractants, [2]

de formes :
- tradition réalisée :
  - soit par une remise directe,
  - soit indirectement :
    - par l'entremise d'un tiers,
    - par un autre moyen. [3]

effets
- translation de propriété du prêteur à l'emprunteur ;
- obligation pour l'emprunteur de rendre des choses de pareilles quantité et qualité. [4]
- le *mutuum* est gratuit c'est-à-dire sans intérêt, sauf [5] :
  - le prêt maritime, [6]
  - le prêt de denrées,
  - les prêts d'argents faits par les banquiers, le fisc ou les municipalités. [7]
- l'exécution en est garantie par la *condictio certi ex mutuo*. [8]

Commodat (prêt à usage)

Dépôt

Gage

contrats bilatéraux de bonne foi [9] :
- entraînant :
  - changement de mains,
  - obligation de restituer la chose remise à moins qu'elle n'ait péri par cas fortuit ;
- dont l'exécution est garantie par deux actions :
  - directe — pour la restitution de la chose,
  - contraire — pour le remboursement des dépenses occasionnées par la détention de la chose.

Commodat

- contrat essentiellement gratuit ; [10]
- porte sur toute chose placée dans le commerce, qu'elle soit fongible ou non (2) ;
- est fait dans l'intérêt du commodataire ;

- donne au commodataire :
  - un droit d'usage sur la chose,
  - le droit de répéter les dépenses faites pour la conservation de la chose et non pour la jouissance ; [11]

- oblige le commodataire :
  - à prendre soin de la chose en bon père de famille,
  - à la restituer en bon état,
  - à n'user de la chose que d'une manière normale ou conformément à ce qui a été convenu. [12]

---

(1) A défaut de cette condition, il n'y a pas translation de propriété ; le prêteur peut exercer l'action en revendication même contre les tiers détenteurs et, au cas où les objets livrés ont été consommés de mauvaise foi, l'action *ad exhibendum*. [13]

(2) L'intention des parties peut faire du prêt un *mutuum* ou un commodat, quelle que soit la nature de la chose prêtée, ex. : choses fongibles prêtées *ad pompam et ostentationem*.

NOTES EXPLICATIVES.

Des obligations réelles (Suite).

1. A l'origine, le dépôt a sans doute été constitué par translation de propriété, comme le **gage, afin de** permettre d'éluder la règle *nemo alieno nomine lege agere potest.*

Le dépôt peut exister et produire des effets juridiques, quels que soient les titres du déposant.

En cas de dol du dépositaire, l'action *depositi directa* entraîne l'infamie.

2. Dans le cas contraire, la responsabilité du dépositaire en est accrue.

3. Tout usage de la chose déposée constitue un *furtum.*

Le dépositaire qui a fait des dépenses pour la chose déposée, a droit de s'en faire indemniser; jusqu'à dédommagement, il exerce un *jus retentionis.*

4. L'héritier du dépositaire n'est tenu qu'au simple et seulement pendant une année. Dans le droit classique, la condamnation *in duplum* était encourue, en outre, lorsque, par sa faute, le dépositaire ne pouvait restituer.

5. C'est un dépôt, avec *mutuum* conditionnel formé lors de la consommation de la chose déposée : ce contrat, usité par les banquiers, permet un placement avec faculté de rentrer *ad libitum* en possession de son argent.

6. Il suffit qu'il y ait contestation; un procès n'est pas nécessaire.

7. Cette possession profite à celui qui obtient restitution.

Si le dépositaire se fait décharger par le magistrat pour cause grave, il y a dépôt dans un temple.

Le séquestre ordonné par le magistrat ou accompagné de salaire n'est plus un dépôt conventionnel.

8. Le constituant de mauvaise foi est tenu du *crimen stellionatus* (tout dol non prévu et non dénommé).

9. Le gage anéantit la *possessio juris* pour le propriétaire et ne la confère pas pour cela au gagiste; elle est donc éteinte. Cependant, sous Justinien, le gagiste a droit aux interdits possessoires.

10. Gordien lui donne un droit de rétention pour toute autre dette; mais ce droit n'est pas opposable aux tiers.

Des obligations réelles (Suite).

Dépôt [1]

ordinaire
- contrat essentiellement gratuit ;
- porte sur des choses mobilières et corporelles ;
- est fait dans l'intérêt du déposant ; [2]
- impose au dépositaire l'obligation
  - de garder la chose comme sienne,
  - de ne pas s'en servir, [3]
  - de la restituer, sauf la perte par cas fortuit.

nécessaire ou misérable
- déterminé par des circonstances de force majeure (incendie, etc.) ;
- pouvant entraîner contre le dépositaire qui nie le dépôt une condamnation au double. [4]

irrégulier — portant sur une chose de genre que le dépositaire n'est pas tenu de restituer *in specie*, mais seulement *in genere*. [5]

Dépôt — sequestre
- portant sur une chose litigieuse entre des tiers, qu'elle soit meuble ou immeuble ; [6]
- entraînant obligation de rendre à celui qui gagne le procès ;
- donnant au dépositaire non-seulement la détention mais la possession civile de la chose. [7]

Gage

contrat accessoire garantissant l'exécution d'une obligation principale.

dans l'ancien droit
- constitué par mancipation ou par cession *in jure* ;
- entraînant translation de propriété ;
- la restitution du gage était garantie
  - par un contrat de fiducie,
  - par l'*usu receptio* (1).

sous Justinien (3)
- est constitué par tradition
  - volontaire, [8]
  - faite par ordre du magistrat ou de la loi ;
- n'entraîne pas translation de la propriété, mais seulement de la *nuda detentio* ; [9]
- donne au créancier gagiste le droit d'aliéner le gage, bien qu'il n'en soit pas propriétaire (2) ;
- peut porter
  - sur des meubles,
  - sur des immeubles,
  - par extension, sur des choses incorporelles ;
- oblige le créancier gagiste
  - à prendre soin du gage sans en faire usage,
  - à restituer le gage après le paiement de la dette, [10]
  - à tenir compte au débiteur de l'excédant du prix s'il vend le gage ;
- peut être accompagné de pacte
  - d'antichrèse — donnant au créancier le droit de percevoir les fruits en compensation des intérêts de sa créance ;
  - commissoire — rendant le créancier propriétaire du gage faute du paiement (disposition prohibée depuis Constantin).

---

(1) Voir aux matières de l'examen de première année.
(2) Voir *loc. cit.*
(3) Le droit prétorien imagina en faveur des propriétaires de biens ruraux un droit réel appelé hypothèque, applicable aux meubles comme aux immeubles : la principale différence entre ce droit et le gage consiste en ce que le changement de mains nécessaire à l'établissement du gage n'est pas indispensable à l'existence de l'hypothèque (voir ci-dessous page 81).

NOTES EXPLICATIVES.

Des obligations verbales.

1. Peut-être ce serment, qu'on appelle aussi *jusjurandum liberti*, engendrait-il, dans le droit primitif, une obligation civile, bien que fait en esclavage; plus tard, on force l'esclave à renouveler le serment après affranchissement. Sous Justinien, ce mode d'obligation n'existe plus qu'en théorie; en pratique, il est remplacé par une stipulation faite après affranchissement, et faute de laquelle l'affranchi est passible sans doute de l'action de dol.

L'engagement consiste dans la promesse d'*operæ fabriles* ou *officiales*: cette obligation s'éteint soit par la *capitis deminutio* du patron, soit lorsque l'affranchi a un enfant de cinq ans ou deux plus jeunes sous sa puissance.

2. Au temps de Gaius, la réponse se prononce indifféremment en latin ou en grec.

La stipulation est un contrat essentiellement unilatéral, bien que deux personnes y concourent: elle doit être faite de telle sorte que la demande et la réponse ne fassent qu'un tout. D'après Ulpien, la réponse ne doit plus nécessairement être formulée en termes identiques.

La réponse s'interprète, en cas de doute, dans l'intérêt du promettant: mais on a égard, autant que possible, à l'intention des parties.

Au temps d'Ulpien, on admet la formation d'une stipulation partielle, lorsque la réponse n'a été que partiellement conforme à l'interrogation.

En principe, la stipulation se passe de cause; pourtant, on y tient compte de cette cause dans certains cas (donation *ultra modum Cinciæ*, entre époux ou par un donateur devenu pauvre; ce dernier n'est condamné que *in quantum facere potest*).

3. Dans la pratique, on recourait aux *præfationes*, écrit sans valeur par lui-même, mais dont le contenu faisait, en bloc, l'objet de la stipulation.

La preuve des stipulations se fait par écrit, et, sous Justinien, cet écrit ne peut être attaqué qu'en établissant, par écrit ou par témoins, l'absence d'une des parties au jour indiqué. Il s'ensuit qu'une nullité de forme peut être couverte par la rédaction d'un écrit.

4. Pour qu'une stipulation soit certaine, il faut que la condamnation ne soit pas susceptible de plus ou de moins, par exemple, s'il s'agit d'un corps certain, d'une somme d'argent, *triticum quod in horreo est*, de la fidéjussion même indéterminée d'une stipulation certaine. S'il s'agit d'une obligation de genre, il est nécessaire que la quantité et la qualité soient déterminées. Dans tout autre cas, la stipulation est incertaine: chose future, obligation alternative au choix du débiteur, la dette d'un tiers, car elle est sujette à contestation. En général, en dehors des formules écrites (legs et obligation littérale) ou prononcées (stipulation), il n'y a d'obligation certaine que s'il s'agit d'un *mutuum*.

5. S'il s'agit de choses de genre autres que des sommes d'argent, elle prend le nom de *condictio triticaria certi*.

L'expression d'*actio ex stipulatu* est plus usitée que celle de *condictio incerti*; mais elle est moins précise, puisque la *condictio certi* est également en droit une action *ex stipulatu*.

6. Le doute n'est possible que pour l'écrit qui constate la stipulation corréale et non pour la stipulation elle-même.

Les interrogations doivent précéder toutes les réponses, même pour la corréalité passive (Accarias). Si, contrairement à l'intention des parties, la forme employée entraîne corréalité, on oppose l'exception *pacti conventi*.

7. L'acceptilation, le serment, le constitut et peut-être la novation produisent le même résultat.

8. Ce point était discuté avant Justinien. — La mise en demeure de l'un ne nuit pas aux autres.

9. Il y a lieu à l'action *pro socio*.

10. Le recours a lieu par l'action *pro socio* et par les actions du créancier qu'on obtient de celui-ci au moyen de l'exception de dol.

Les obligations corréales ont leur existence et leur validité propres; elles peuvent être affectées de modalités distinctes; mais il doit y avoir unité parfaite d'objet. La corréalité résulte non seulement de stipulations, mais d'une obligation littérale, du legs *per damnationem* et même d'un contrat quelconque, pourvu qu'il y ait consentement des parties.

(Voir, page 95 ci-après, les obligations indivisibles).

Des obligations verbales (TITRES 15 ET 16).

Dictio dotis
- constitution de dot au profit de l'époux en vue du mariage ;
- engagement pouvant être pris
  - par la femme,
  - par le débiteur de la femme, sur son ordre,
  - par l'ascendant paternel de la femme ;
- promesse parfaite sans qu'il y ait interrogation du mari ;
- mode de s'obliger tombé en désuétude sous Justinien.

Jurata promissio liberti
- mode par lequel un affranchi s'oblige envers son patron ; [1]
- consistant en une promesse sous serment ;
- n'exigeant pas l'interrogation du patron.

La stipulation
- forme d'obligation
  - applicable à toute sorte de convention licite ;
  - consistant dans une interrogation suivie d'une réponse conforme ; [2]
- présente l'avantage de préciser la nature et l'étendue de l'obligation ; [3]
- a l'inconvénient
  - d'être entachée de nullité par suite d'une erreur de forme (1),
  - d'être inapplicable entre absents,
  - d'être interdite aux sourds et aux muets ;
- est de deux sortes
  - certaine, lorsqu'elle a pour objet une chose déterminée, [4]
  - incertaine, lorsque l'objet n'est pas déterminé en nature, quantité et qualité (2) ;
- donne ouverture à la *condictio*
  - *certi*, en cas de stipulation certaine ; [5]
  - *incerti*, en cas de stipulation incertaine (*actio ex stipulatu*).

Obligations corréales ou solidaires
- ne se présument pas et sont l'exception ;
- résultent
  - dans une stipulation, des formes employées ; [6]
  - dans les contrats de bonne foi, d'une convention spéciale ;
  - d'un quasi-contrat (par exemple, entre cotuteurs, etc.) ;
  - d'un délit ou d'un quasi-délit.
- effets
  - s'il y a plusieurs costipulants
    - chacun d'eux peut agir contre le débiteur ;
    - le débiteur doit payer intégralement au poursuivant ;
    - il est libéré envers tous les costipulants par ce paiement intégral ; [7]
    - l'action d'un costipulant conserve le droit des autres.
  - s'il y a plusieurs copromettants
    - chacun d'eux peut être poursuivi par le créancier ;
    - le premier poursuivi doit payer intégralement ;
    - ce paiement éteint la dette à l'égard de tous les copromettants (3) ; [7]
    - les poursuites contre l'un d'eux interrompent la prescription contre tous ; [8]
    - la perte de la chose par le fait d'un des copromettants ne libère pas les autres de l'obligation d'en payer la valeur.
  - le costipulant qui a reçu le paiement
    - partage avec ses cocréanciers s'il y a société entre eux ; [9]
    - conserve la chose pour lui seul dans le cas contraire.
  - le copromettant qui a payé
    - a son recours contre ses codébiteurs s'il y a société entre eux ; [10]
    - n'a aucun recours dans le cas contraire.

---

(1) L'usage de termes sacramentels, nécessaire au début, fut supprimé par l'empereur Léon qui permit l'emploi de toute langue et de toutes paroles.

(2) Une stipulation incertaine en principe devient certaine si on y ajoute une clause pénale consistant en une somme d'argent.

(3) Avant Justinien, la *litis contestatio* contre un des codébiteurs opérait novation et libérait les autres codébiteurs.

NOTES EXPLICATIVES.

Des obligations verbales (Suite).

De la stipulation des esclaves.

1. Il peut stipuler pour lui-même ou pour un tiers placé sous la puissance du même maître, puisque, dans tous ces cas, c'est ce dernier qui bénéficie finalement et qui exerce l'action, quand bien même l'esclave aurait stipulé un fait personnel à lui.

L'usufruit stipulé par un esclave repose sur la vie du maître.

Une stipulation conditionnelle se réalise au profit du maître dont l'esclave a emprunté la capacité pour stipuler, alors même que l'affranchissement de l'esclave précéderait l'arrivée de la condition.

2. Il est entendu que le défaut d'adition ultérieure ferait tomber ces acquisitions.

3. C'est un louage de la chose et ce louage, permis à l'usufruitier, est interdit à l'usager.

L'esclave d'un captif stipule valablement, grâce aux deux fictions du *postliminium* et de la loi *Cornelia*, à moins qu'il n'ait stipulé en vue d'une de ces deux hypothèses et qu'elle ne se soit pas réalisée.

Le fils de famille qui, dans l'origine, ne pouvait stipuler qu'au profit de son père, ne reste dans cette situation qu'en ce qui touche le pécule *profectice* : dans les autres cas, il grossit ses pécules *castrense*, *quasi-castrense* ou *adventice*, sous réserve de l'usufruit dont jouit le père sur ce dernier.

––––––––––

Division des stipulations.

4. On divise encore les stipulations non conventionnelles en judiciaires ou prétoriennes, suivant qu'elles sont issues des pouvoirs du juge (*officium judicis*) ou de ceux du magistrat (*jus edicendi*) : ces dernières comportent la *clausula doli*, d'où résulte la nécessité pour le demandeur de tenir compte de la compensation des dettes.

5. On la nomme en général *cautio de persequenda re*. (Voir ci-après, page 77.)

6. Cette caution est encore applicable au cas où le voisin a des travaux à faire sur un fonds qui ne lui appartient pas. Elle tend à prévenir les conséquences de l'abandon noxal. Déjà Julien pensait que cet abandon ne devait pas être exercé sur les matériaux seuls, c'est-à-dire sur les matériaux de la chose détruite ; mais cette solution n'avait pas prévalu ; peut-être l'ancien droit civil admettait-il une *pignoris capio*.

La caution *damni infecti* est donnée au propriétaire et aux détenteurs responsables, mais non pas au possesseur de bonne foi : elle comporte un terme, passé lequel elle peut être renouvelée ; elle est transmise aux ayants cause à titre particulier. En cas de refus, il y a envoi en possession à titre de garantie, puis une seconde décision du magistrat confère la *possessio ad usucapionem*.

Des obligations verbales (Suite).

De la stipulation des esclaves (Titre 17).

L'esclave
- n'a par lui-même aucune capacité juridique ;
- emprunte la capacité de son maître pour lui acquérir ;
- ne peut ni s'obliger, ni obliger son maître à l'insu de ce dernier ;
- acquiert à son maître, même à l'insu de ce dernier ;
- ne peut stipuler pour un autre que pour son maître. [1.]

Servus communis
- esclave appartenant à plusieurs maîtres ;
- acquiert à chacun de ses maîtres proportionnellement au droit qu'il a sur l'esclave ;
- à moins que
  - il n'ait agi par l'ordre d'un seul de ses maîtres,
  - il n'ait stipulé nominativement pour l'un d'eux,
  - il n'ait stipulé une chose appartenant à l'un d'eux (1).

Servus hereditarius
- esclave appartenant à une hérédité jacente ;
- emprunte la capacité du défunt ;
- acquiert à la masse héréditaire ; [2.]
- ne peut, faute d'ordre exprès, accepter une hérédité qui lui est échue ;
- ne peut stipuler un droit d'usufruit ou d'usage qui suppose l'existence d'une personne appelée en jouir ;
- s'il stipule nominativement pour l'héritier,
  - ne fait rien de valable si l'héritier renonce,
  - agit valablement si l'héritier fait adition.

L'esclave d'autrui, l'homme libre possédé comme esclave, } acquièrent au possesseur de bonne foi {
- *ex re possessoris,*
- *ex operis servi.*

L'usufruitier d'un esclave acquiert par lui {
- *ex re sua,*
- *ex operis servi.* [3.]

L'usager d'un esclave acquiert par lui *ex re sua.*

Division des stipulations (Titre 18).

Les stipulations sont : [4.]

conventionnelles — variées comme les obligations à contracter ;

judiciaires (2) (ordonnées par le juge)
- *cautio de dolo* — destinée à éviter que l'individu poursuivi en justice ne détériore la chose avant la restitution ;
- *cautio de persequendo servo restituendove pretio* — destinée à sauvegarder les droits du créancier d'un esclave pour le cas où ce dernier s'évaderait *inter moras litis.* [5.]

prétoriennes (2) (ordonnées par le préteur)
- *cautio damni infecti* — destinée à assurer la réparation du préjudice causé par l'écroulement d'une construction menaçant ruine ; [6.]
- *cautio legatorum* — destinée à éviter que le titulaire d'un legs à terme ou conditionnel ne soit frustré par suite des prodigalités de l'héritier.

communes (2) (ordonnées par le préteur ou par le juge)
- *cautio rem pupilli salvam fore* — exigée de certains tuteurs, soit à leur entrée en fonctions, soit à la requête d'un débiteur du pupille ;
- *cautio de rato* — exigée du procureur afin de garantir la ratification du mandant (3).

---

(1) Dans ce dernier cas, la stipulation profite aux maîtres de l'esclave, à l'exception de celui qui est propriétaire de la chose stipulée.
(2) Enumérations non limitatives.
(3) *Vide infra*, page 87.

NOTES EXPLICATIVES.

Des obligations verbales (Suite).

Des stipulations inutiles.

1. M. Accarias rattache exclusivement les nullités des stipulations aux vices du consentement.

Le dol ou la violence n'empêchait pas le contrat d'être valable en droit civil : le préteur admet qu'ils peuvent motiver la *restitutio in integrum*. Si le dol émane d'un tiers, il est tenu de le réparer; s'il émane d'une des parties, l'autre a, suivant le cas, l'action ou l'exception de dol. S'il s'agit de violence, l'exception *metus* est opposable au créancier, qu'il soit ou non l'auteur de la violence ; en outre, l'action *quod metus causa* est donnée tant contre l'auteur de la violence que contre quiconque en a profité. — Dans les contrats de bonne foi, il n'est pas nécessaire de faire insérer l'exception de dol dans la formule.

2. L'erreur matérielle sur l'objet n'annule pas la stipulation, puisqu'elle se passe de cause ; il en est de même pour les autres contrats, si ce n'est pour l'erreur sur le sexe des esclaves et l'erreur totale de l'acheteur.

3. Une condition ne suffirait pas à couvrir cette nullité.

4. Pourtant l'esclave et le fils de famille peuvent stipuler pour le *pater familias;* il est fait exception également en cas de clause pénale ou d'intérêt pécuniaire au contrat ainsi que pour la caution *rem pupilli salvam fore*, mais on peut promettre son fait conjointement avec celui d'autrui (*spondes te effecturum ut Titius det*); on admet également la promesse : *rem ratam dominum habiturum*, et celle : *illum sisti* (comparution en justice) (Voir ci-après, page 96).

5. L'incapacité des filles de famille est absolue, tant que dure la tutelle des femmes pubères ; elle disparaît avec cette mesure : le Sén. Cons. Macédonien leur est applicable.

L'*infans* ni le fou ne s'obligent même pas naturellement, car il y a absence de tout consentement.

Il existe en outre certaines incapacités spéciales qui résultent des Sén. Cons. Velléien et Macédonien ou d'un lien de puissance commun. Il est interdit de stipuler à propos de la succession d'un homme vivant, sans son consentement.

6. Tel serait le cas d'une demande et d'une réponse faites dans une intention différente d'une stipulation. La chose de genre doit être suffisamment désignée ; pourtant, en cas de dot, on fait suppléer le manque de désignation par la décision d'un tiers.

Dans le dernier état du droit, une réponse non conforme à la demande, mais suivie d'une acceptation immédiate, peut former une stipulation valable.

Des fidéjusseurs.

7. Cette obligation ne passe pas aux héritiers. Il y a société de plein droit entre les coobligés ; tout paiement fait au delà de la part donne lieu à la *manus injectio pro judicato* pour le *sponsor* et à la *condictio indebiti* pour le *fide promissor :* cette disposition tirée de la loi *Apuleia*, antérieure à la loi *Furia*, avait été virtuellement abrogée par elle en Italie. Cette dernière prescrit que la division ait lieu sans tenir compte de la solvabilité des cautions.

8. Le créancier doit, avant toute interrogation, déclarer le montant de la dette à cautionner : l'oubli de cette formalité donne lieu au *præjudicium : an ex lege prædictum sit?* (Loi *Cicereia*.)

9. La fidéjussion est mentionnée dans la loi *Cornelia* (673) qui limitait cette forme d'obligation à 20000 sesterces; elle était nulle ou réductible pour le surplus : cette limitation, disparue dans la suite, n'était pas applicable au fidéjusseur qui garantissait la restitution de la dot; Justinien défendit à la femme de recevoir un fidéjusseur, quel que soit le débiteur de la dot.

Des obligations verbales (Suite).

Des stipulations inutiles (Titre 19). [1]

Cas de nullité des stipulations :

- **objet**
  - inexistant et ne pouvant exister ; [2]
  - hors du commerce des hommes en général lors de la stipulation ; [3]
  - hors du commerce du stipulant, à moins que la stipulation ne soit faite conditionnellement en vue de cette circonstance ;
  - contraire aux lois et aux bonnes mœurs ;
  - stipulation faite pour autrui. [4]
- **incapacité**
  - résultant de l'âge
    - l'*infans* est entièrement incapable de stipuler comme de s'obliger ; [5]
    - l'impubère de 7 à 14 ans
      - peut stipuler seul,
      - peut promettre avec le concours de son tuteur ;
    - le pubère de 14 à 25 ans
      - ne peut promettre sans le *consensus* de son curateur,
      - peut obtenir, en cas de lésion, la *restitutio in integrum*.
  - résultant de l'altération des facultés mentales
    - le fou
      - pendant ses intervalles lucides est pleinement capable,
      - pendant ses accès de folie est frappé d'incapacité ;
    - le prodigue interdit peut stipuler et non promettre.
- **forme**
  - défaut d'accord réel entre les parties ; [6]
  - non-conformité de la demande et de la réponse solennelles.
- **modalités (1)**
  - conditions
    - impossibles,
    - contraires aux lois et aux bonnes mœurs ;
  - stipulation prépostère — exécutoire avant l'arrivée de la condition — Léon la permet en cas de dot ;
  - terme
    - postérieur à la mort du stipulant,
    - dépendant de la mort du stipulant (2).

Des fidéjusseurs (Titre 20).

Le cautionnement (*adpromissio*) affecte trois formes :

- *sponsio* — spéciale aux citoyens romains —
- *fidepromissio* — usitée surtout entre pérégrins — [8]
  - applicables à toute stipulation, même nulle ;
  - ne peuvent garantir que des obligations verbales consistant à *dare* ;
  - donnent lieu à une obligation personnelle ;
  - s'éteignent au bout de deux ans, à compter de l'échéance de la dette ;
  - se divisent de plein droit entre les cautions. [7]
- *fidéjussio*
  - applicable à des obligations préexistantes et tout au moins naturelles ;
  - applicable à toute espèce d'obligation, quels qu'en soient l'objet et la forme ; [9]
  - oblige perpétuellement les fidéjusseurs et passe à leurs héritiers ;
  - obligeait, jusqu'à Adrien, le fidéjusseur à payer toute la dette sans qu'il pût opposer la division.

---

(1) Justinien a déclaré ces stipulations valables.
(2) La jurisprudence avait admis comme valable le terme *quum moriar*.

NOTES EXPLICATIVES.

Des fidéjusseurs (Suite).

1. Si cette obligation est future, la fidéjussion est conditionnelle; mais rétroagit ensuite au jour où elle a été consentie, c'est-à-dire, antérieurement à la naissance de l'obligation principale. La fidéjussion portant sur une hérédité jacente qui ne trouve pas d'héritiers s'éteint faute d'une personne à cautionner.

L'extinction de l'obligation principale, opérée *ipso jure*, entraîne celle de la fidéjussion : pourtant il est fait exception lorsque l'obligation principale disparaît par suite d'une *capitis deminutio* ou de la mort du débiteur sans héritier, ou si le fait du fidéjusseur a causé la perte de la chose due et par suite la libération du débiteur principal : dans ce dernier cas, on donne contre le fidéjusseur, d'abord une action utile, puis, plus tard, une action directe.

La fidéjussion s'éteint, en outre, par des causes qui lui sont propres : acceptilation, etc.

2. Le *sponsor* avait de plus l'action *depensi* qui lui donnait le double en cas d'*infitiatio* : une loi *Publilia* lui donnait même, au temps des actions de la loi, la *manus injectio pro judicato*, après un délai de six mois.

3. Il en est de même s'il a agi *in rem suam*, ou s'il a négligé d'opposer une exception ou d'avertir le débiteur principal.

4. Ce bénéfice, introduit par un rescrit d'Adrien, s'obtient par voie d'exception, et doit être réclamé avant la délivrance de la formule : celle-ci est délivrée jusqu'à concurrence de la part du fidéjusseur si la solvabilité de chacun des fidéjusseurs est connue; sinon, avec l'exception : *si non et illi solvendo sint* et une *prescriptio a parte actoris*, pour limiter l'effet de l'action. Antérieurement, la *litis contestatio* épuisait le droit du créancier jusqu'à concurrence de la formule et fixait les chances d'insolvabilité à la charge du créancier.

5. La cession d'actions, créée par la jurisprudence dès l'apparition du système formulaire et ne se cumulant pas avec la division, consiste dans la simulation d'une vente moyennant un prix : le créancier est tenu d'y consentir sous peine de se voir opposer l'exception de dol. Le fidéjusseur paye toute la dette, mais peut recourir divisément contre ses cofidéjusseurs.

6. Ce bénéfice n'a été introduit que sous Justinien : il est nécessaire que le débiteur principal comparaisse dans un délai donné. La discussion met à la charge du créancier les chances d'insolvabilité survenues chez le débiteur principal par défaut de poursuites. Avant Justinien, la discussion n'existait que vis-à-vis des débiteurs du fisc, ou en cas de *fidejussio indemnitatis*, laquelle comporte une sorte de mandat donné au créancier, qui est responsable de son inaction à l'égard du débiteur principal, et une convention grâce à laquelle la *litis contestatio* n'éteint pas le droit : *Spondes quanto minus a Titio exigere potuero?*

Justinien permet aux banquiers d'exiger la renonciation à ce bénéfice lors du contrat.

La *fidejussio alterna* ou *mutua* rend les cofidéjusseurs sociétaires : ce sont des débiteurs corréaux et associés, mais jouissant du bénéfice de division : dans le dernier état du droit (nov. 99) cette convention est opposable au créancier.

Nota : l'*accessio* ou dette accessoire se contracte non seulement par fidéjussion, mais par *mandatum credendæ pecuniæ*; constitut, gage ou hypothèque pour un tiers; *expromissio;* défense d'un tiers en justice, etc. (Voir ci-après, pages 83 et 95.)

Des fidéjusseurs (Suite).

La fidéjussion

- **obligation accessoire**
  - ne pouvant exister sans une obligation principale ; [1]
  - ne pouvant avoir d'autre objet que l'obligation principale ;
  - ne pouvant être plus étendue qu'elle (1) ;
  - pouvant être moins étendue.

- **donne recours contre le débiteur principal**
  - par l'action de mandat si le fidéjusseur a agi à l'instigation du débiteur principal, [2]
  - par l'action de gestion d'affaires, s'il a agi à son insu.

- ne donne aucun recours si le fidéjusseur a agi malgré le débiteur principal ou dans une intention libérale. [3]

- **donne au fidéjusseur, sous Justinien, les bénéfices**
  - **de division**
    - à charge de le demander au magistrat ; [4]
    - consistant à répartir la dette entre les cofidéjusseurs solvables ;
    - refusé
      - aux fidéjusseurs ayant nié leur qualité,
      - aux cautions d'un tuteur ;
  - **de cession d'actions**
    - à charge de le demander avant le paiement et la *litis-contestatio* ; [5]
    - faisant du fidéjusseur un *procurator in rem suam* agissant à ses risques et périls ;
    - investissant le fidéjusseur des droits de gage, d'hypothèque ou de privilége attachés à l'obligation principale.
  - **d'ordre ou de discussion**
    - consistant à forcer le créancier à poursuivre en premier lieu le débiteur principal ; [6]
    - libérant le fidéjusseur de toute portion de dette acquittée par le débiteur principal.

De l'intercession des femmes et du sénatus-consulte Velléien (TITRE 20).

D'après le sénatus-consulte Velléien
- les femmes ne pouvaient intercéder pour autrui ;
- elles pouvaient s'obliger
  - si elles n'agissaient pas dans l'intérêt d'autrui ;
  - si elles y avaient un intérêt quelconque.
- elles avaient
  - une exception pour repousser l'action du créancier ;
  - la *condictio indebiti* pour répéter ce qu'elles avaient indûment payé.

Sous Justinien
- les femmes peuvent intercéder pour un tiers si leur volonté est établie
  - par une réitération,
  - par un écrit public ;
- elles ne peuvent intercéder pour leur mari, à moins que leur intérêt ne soit évident.

Remarque. — L'incapacité de la femme qui, d'après le sénatus-consulte Velléien, était une sorte de déchéance imposée eu égard au sexe, est devenue, sous Justinien, une protection attachée à la qualité de femme mariée.

---

(1) La fidéjussion étant un contrat de droit strict semble devoir être tenue pour nulle si elle excède l'obligation principale.

NOTES EXPLICATIVES.

Des obligations littérales.

1. On nomme *arcaria nomina* les créances nées d'un *mutuum :* c'est un contrat réel dont l'*expensilatio* est la fiction ; il n'est applicable qu'aux obligations d'argent.

La conversion d'un *mutuum* ou *nomen arcarium* en contrat *litteris* dispense le créancier de prouver que les deniers lui appartenaient.

2. Ce point donne lieu à controverse.

3. Il doit y avoir constatation d'un *acceptum* et d'un *expensum*. **Controv.**

Des témoins appelés *pararii* attestaient le consentement du débiteur ou mentionnaient l'obligation sur leurs propres livres.

4. Cependant, l'obligation pouvait être affectée d'une condition tacite.

5. Dans ces deux cas, l'obligation précédente est éteinte de plein droit.

6. Entre citoyens romains, ils constituaient un moyen de preuve.

7. Cette exception répondait à la pratique des banquiers qui exigeaient la promesse avant de prêter l'argent.

La même situation, en cas de stipulation, est protégée par l'exception de dol, puis par l'exception *non numeratæ pecuniæ in factum*.

8. M. Accarias attribue cette réforme à Dioclétien.

9. Ces règles sont applicables à toute espèce de prêts. — Justin prive le débiteur du droit d'opposer cette exception en cas d'aveu écrit.

10. Dans ce cas, l'écriture est, d'après Ortolan, cause efficiente d'obligation, comme dans le droit primitif; les Institutes semblent consacrer cette interprétation. D'après M. Accarias, elle serait seulement une preuve irréfutable. **Controv.**

Justinien accorde au mari l'exception *non numeratæ dotis* qui peut être opposée pendant un an à compter de la dissolution du mariage ; elle est réduite à trois mois si le mariage a duré deux ans, et supprimée s'il a duré plus de dix ans.

Des obligations consensuelles.

11. Soit par lettres, soit par l'intermédiaire d'un messager chargé de porter le consentement.

12. Dans le mandat, le dépôt, le commodat et le gage, l'obligation n'est pas synallagmatique, mais seulement bilatérale ; aussi ne donne-t-elle pas lieu, de part et d'autre, à une action propre, mais bien à une seule action, directe ou contraire suivant les cas.

Des obligations littérales (TITRE 21).

Expensilatio ou *transcriptitia nomina* [1]

forme d'obligation
- permise originairement aux citoyens romains seuls ;
- étendue aux pérégrins lorsqu'elle a lieu *a re in personam* ; [2]
- spéciale aux obligations de quantités certaines ;
- consistant dans une mention portée sur les *tabulæ* (1) du créancier et corroborée ou non par une mention correspondante sur les *tabulæ* du débiteur ; [3]

- présente, comme la stipulation, l'avantage de préciser l'obligation ;
- est applicable entre absents ;
- aboutit toujours à la *condictio certi* ;
- ne peut être faite sous condition ; [4]
- est un contrat de droit strict ;

s'opère
- *a re in personam* — novation par changement de mode d'obligation ;
- *a persona in personam* — novation par changement de débiteur. [5]

Chirographa. — Écrits émanés du débiteur et conservés par le créancier.

Syngraphæ. — Écrits signés du créancier et du débiteur et conservés par chacun d'eux (forme d'obligation littérale en usage parmi les pérégrins). [6]

Exceptio non numeratæ pecuniæ
- introduite par le préteur pour permettre au débiteur de résister contre un créancier de mauvaise foi ; [7]
- oblige le créancier à prouver le fait du paiement ;

peut être opposée
- à l'origine, pendant un an ;
- sous Marc-Aurèle, pendant cinq ans ; [8]
- sous Justinien
  - pendant deux ans en règle générale ;
  - perpétuellement, moyennant une protestation adressée au créancier ou au magistrat. [9]

- si le débiteur ne l'oppose pas, son silence est considéré comme un aveu. [10]

Des obligations consensuelles (TITRE 22).

Les contrats consensuels
- sont parfaits par le seul consentement des parties ;
- peuvent avoir lieu entre absents ; [11]
- engendrent des obligations réciproques (synallagmatiques) ; [12]
- sont de bonne foi.

---

(1) Le père de famille tenait, à Rome, deux livres : l'un, *adversaria*, sorte de livre-journal, dénué d'autorité juridique ; l'autre, *tabulæ* ou *codex*, faisant foi en justice.

NOTES EXPLICATIVES.

Des obligations consensuelles (Suite).

De la vente.

1. L'échange diffère de la vente en ce que le rôle des parties est égal dans l'un et différent dans l'autre ; Les Sabiniens voulaient que la vente fût un échange perfectionné ; cette doctrine a été abandonnée sous Justinien, à moins que l'échange ne fût fait, dans un but de célérité, par une partie qui avait d'abord manifesté l'intention d'acheter.

Le contrat reste une vente, dès qu'il y a un prix en argent monnayé, fût-il accompagné de prestations en nature.

2. La stipulation d'une chose hors du commerce est nulle ; mais la vente de cette chose donne lieu à des dommages-intérêts, parce que la vente étant un contrat de bonne foi, le vendeur y répond non seulement de son dol, mais de sa faute : il en est de même lorsque la chose est périe et que le vendeur est en faute de l'ignorer.

3. Pourvu toutefois que ces droits puissent être transportés ; le droit d'usage ne peut donc faire l'objet d'une vente.

4. Ne pas confondre avec l'*emptio spei*, c'est-à-dire l'achat d'une chance, où le prix peut être dû sans qu'il y ait de chose vendue, par exemple : le coup de filet d'un pêcheur.

5. M. Accarias conteste cette doctrine, en se basant sur ce que la vente est un contrat de bonne foi, et que le vendeur ne saurait retenir sans dol la propriété d'une chose qu'il aurait vendue : la tradition ne le libère que si elle suffit à transférer la propriété ; dans le cas contraire, Gaius donne l'action *empti* à l'acheteur.

Si le vendeur livre plus qu'il ne doit, il a une *condictio*.

Si la chose livrée est d'une contenance moindre, le prix subit toujours réduction ; si elle est supérieure, il y a augmentation ou non, suivant que la vente a eu lieu à la mesure ou en bloc.

La date d'exigibilité de la livraison fixe le droit aux fruits et aux produits.

6. Cette garantie se nomme *auctoritas*.

En outre de la garantie exigible par l'action *ex empto*, les parties avaient coutume de stipuler une peine double : cette clause, appelée *stipulatio duplæ*, semble avoir été prescrite par les édiles dans toutes les ventes d'esclaves ; elle fut généralisée par la pratique et finit par être sous-entendue et exigible par l'action *ex empto*, sauf clause contraire. La garantie donne la valeur au jour de l'éviction, tandis que l'action *ex stipulatu* donne le double du prix de vente.

La garantie ne peut être invoquée par l'acheteur qui connaissait la cause de l'éviction avant de traiter, ou qui l'a motivée par sa faute.

7. Sous la loi des Douze-Tables, l'action *empti* ne garantissait que les déclarations expresses du vendeur en ce qui touche les qualités et les défauts de la chose : la jurisprudence le rendit responsable des défauts connus et non déclarés, et l'édit des édiles l'obligea à garantir même les vices cachés ; cette dernière disposition, spéciale aux ventes d'esclaves ou d'animaux, a été, dans la suite, étendue aux autres.

8. Pourtant, s'il y a hypothèque ou litige faisant craindre une éviction, l'acheteur a droit de différer son paiement. Dioclétien permet au vendeur d'exiger le prix même en ce cas, pourvu qu'il fournisse de bons fidéjusseurs ; Papinien soutenait la doctrine contraire.

9. M. Accarias estime que Justinien n'a rien innové pour le cas où il n'y a pas d'écrit.

10. D'après M. Accarias, cette règle aurait une autre base consistant en ce que la vente ne serait qu'une obligation de transférer la propriété, obligation qui est parfaite entre le vendeur et l'acheteur, alors même que la propriété appartient à autrui.

Des obligations consensuelles (Suite).

De la vente (Titre 23).

La vente[1].

- **contrat synallagmatique comprenant**
  - une chose dont la possession utile est transférée, (3)
  - un prix déterminé (*pretium*),
  - un accord des parties sur la chose et sur le prix.

- **est parfaite**
  - en principe, dès qu'il y a accord des parties ;
  - s'il doit y avoir un écrit, dès que l'acte a été régulièrement dressé (1).
  - si des arrhes ont été données
    - par le seul consentement ;
    - sous Justinien
      - s'il ne doit pas y avoir d'écrit, lors de l'exécution du contrat ;
      - s'il est dressé un écrit, dès qu'il a été rédigé (2).

- **s'applique à tout ce qui est dans le commerce[2]**
  - corps certain,
  - quantité déterminée,
  - choses incorporelles, [3]
  - choses futures, [4]
  - choses d'autrui (3).

- **ne peut porter**
  - sur une chose hors du commerce ; l'action *ex empto* fait obtenir des dommages-intérêts à l'acheteur inconscient de cette cause de nullité ;
  - sur une hérédité future, à moins que le *de cujus* n'y consente ;
  - sur une chose périe antérieurement au contrat — la vente est nulle faute d'objet.

- **comporte un prix**
  - certain ou déterminable autrement que par la volonté des parties ;
  - non simulé, quelque minime qu'il soit d'ailleurs ;
  - consistant en argent monnayé — autrement, il y aurait échange, contrat réel entraînant une double translation de propriété.

- **est**
  - pure et simple,
  - conditionnelle,
  - à terme.

Obligations

- **du vendeur**
  - livrer la chose, mais non en transférer la propriété ; **Controv.** [5]
  - garantir l'acheteur de toute éviction juridique ; [6]
  - garantir les vices cachés de la chose, à moins que la vente n'ait été faite sans garantie. [7]

- **de l'acheteur**
  - payer le prix en transférant la propriété des écus ; [8]
  - rembourser les impenses utiles faites depuis la vente ;
  - payer les intérêts du prix du jour de la tradition, s'il n'y a terme.

---

(1) Innovation de Justinien.

(2) Dans l'ancien droit, les arrhes n'étaient qu'un moyen de preuve ; sous Justinien, elles sont devenues un moyen de dédit, à charge, par celui qui les a données, de les perdre, par celui qui les a reçues de les restituer au double (*sic* Pothier, Ortolan, etc., Code civil, art. 1590). **Controv.** [9]

(3) En droit romain, la vente de la chose d'autrui est possible parce qu'elle n'oblige le vendeur qu'à en procurer la paisible possession : en droit français, elle est interdite parce que la vente y implique l'idée d'aliénation, c'est-à-dire de translation de propriété. **Controv.** [10]

NOTES EXPLICATIVES.

De la vente (Suite).

1. Pourtant le contraire a lieu si les choses de genre sont vendues en bloc.

2. Il s'ensuit que la maxime : *res perit domino* n'est pas vraie en droit Romain.

Au contraire, les risques sont pour le vendeur, dès qu'il est en faute (*in abstracto*), ou s'il s'est chargé des cas fortuits. Toutefois, il faut une clause spéciale pour rendre responsable des actes de violence ; en l'absence de cette clause, il n'est tenu qu'à transférer les actions qu'il possède (*furti, legis Aquiliæ*, etc.)

Toute cette théorie des risques est basée sur l'intention présumée des parties.

3. L'acheteur peut se prévaloir de ces offres s'il y a clause en ce sens ; en tout cas, il conserve un droit de préemption, s'il offre les mêmes conditions, mais c'est une deuxième vente.

Si aucun délai n'a été fixé pour l'exercice de ce droit, c'est un contrat innomé.

4. Il opte entre l'effet du pacte et la poursuite du prix ; son choix est définitif. L'acheteur reste responsable de la perte, si la revente se fait à de moins bonnes conditions ; cette clause est sous-entendue.

On nomme *pactum displicentiæ* une clause en vertu de laquelle, par une sorte d'extension tacite de l'action rédhibitoire, l'acheteur peut restituer, dans un délai fixé ou non, la chose qui a cessé de lui convenir.

La condition résolutoire n'annule que le contrat ; quant aux aliénations consenties par le dépossédé, elles sont résolues par une *Condictio sine causâ* et plus tard par les actions *empti* ou *venditi*, selon la partie qui l'exerce, et suivant d'autres par l'action *præscriptis verbis*.

5. Suivant d'autres, elle s'appliquerait également aux meubles. (Loi 2 au Code : *de resc. vend.*)

6. L'éviction consiste dans la privation de la chose ou de sa valeur. Les servitudes ne constituent une éviction que si elles entravent la jouissance (usufruit, emphytéose). S'il s'agit de simples servitudes prédiales, elles ne justifient un recours que dans le cas où le fonds a été vendu comme libre.

L'action *empti* est plus avantageuse que les actions *quanto minoris* ou rédhibitoire, lorsque le vendeur connaissait le vice de la chose, car elle peut faire obtenir une indemnité supérieure au prix de vente, ce qui est impossible avec les deux autres.

7. C'est une sorte de *restitutio in integrum* réciproque (Accarias) ; aussi ne peut-elle plus être exercée si l'acheteur a disposé de la chose ou l'a grevée d'un droit.

8. Elle peut être renouvelée pour chaque vice découvert, et aboutir même à la restitution totale du prix, mais jamais au delà.

L'édit des édiles donne les actions rédhibitoire et *quanto minoris* en cas d'inexactitude des dires du vendeur ; l'action *empti* exigeait qu'il y eût mensonge, et ne pouvait être exercée qu'une fois. L'édit oblige en outre à promettre indemnité pour tous vices connus ou inconnus ; le recours est exercé par une action *ex stipulatu*, possible, même alors que la chose a été aliénée ; elle est double dans les ventes d'esclaves, finit par y être sous-entendue et contenue dans l'action *empti*. **Controv.**

Les délais des actions *quanto minoris* et rédhibitoire se composent de jours utiles et courent de la découverte du vice. Ils furent applicables dans la suite à l'action *empti*, lorsqu'elle fut délivrée, même contre le vendeur de bonne foi, au lieu de l'action *quanto minoris*.

Des obligations consensuelles (Suite).

De la vente (Suite).

Risques de la chose vendue

chose de genre, — les risques sont toujours pour le vendeur. [1]

corps certain :

vente pure et simple et vente à terme — dès que la vente est parfaite, les risques sont à la charge de l'acheteur qui supporte sans modification du prix et indépendamment de toute livraison les chances de gain et de perte par cas fortuit ; [2]

vente conditionnelle — la perte totale survenue avant l'événement de la condition est à la charge du vendeur, en ce sens qu'il perd la chose et n'en reçoit pas le prix (la vente est nulle faute d'objet) ; la perte partielle est pour l'acheteur qui doit le prix tel que (il bénéficierait, le cas échéant, de l'accroissement de valeur).

vente à l'essai — vente sous condition que la chose livrée sera reconnue bonne.

Pactes accessoires à la vente

addictio ad diem — clause par laquelle le vendeur se réserve de ne pas exécuter la vente ou de la résilier si, dans un temps fixé, il trouve des conditions plus avantageuses ; [3]

pacte commissoire — clause par laquelle le vendeur se réserve le droit de résilier la vente si le prix n'est pas payé dans le délai fixé ; [4]

pacte de réméré — clause par laquelle le vendeur se réserve pendant un certain temps la faculté de racheter la chose vendue, en restituant le prix reçu.

La rescision pour lésion

peut être demandée par le vendeur d'immeubles lorsque le prix est inférieur à la moitié de la valeur réelle de la chose ; [5]

laisse à l'acheteur la faculté : de garder la chose en payant le supplément du prix ; de rendre la chose et de réclamer le prix payé.

Actions se rattachant à la vente :

venditi ou *ex vendito* — pour obtenir le prix (1) ;

empti ou *ex empto* — pour obtenir la chose ou, en cas d'éviction, une indemnité égale à la valeur de la chose au moment de l'éviction (1) ; [6]

rédhibitoire — (durant six mois) par laquelle l'acheteur rend la chose à cause des vices cachés, ou obtient une indemnité du vendeur ; [7]

quanto minoris — (durant un an) par laquelle l'acheteur obtient une somme égale à la dépréciation de la chose par suite des vices cachés ; [8]

ex stipulatu — action de droit strict par laquelle l'acheteur obtient, en cas d'éviction et en vertu d'une clause spéciale, le double du prix payé par lui.

---

(1) Ces actions sont directes et de bonne foi.

L'action *empti* peut seule être exercée :

1° En l'absence d'éviction, lorsque l'acheteur ne garde la chose qu'à un autre titre ;

2° Lorsque l'éviction a lieu avant la livraison ; car l'acheteur n'a pas subi personnellement l'éviction ;

3° En cas d'éviction partielle, à moins de convention expresse.

4° En ce qui touche les accessoires de la vente, lesquels échappent à l'action *ex stipulatu*.

5° Au cas d'achat d'une chose hors du commerce, faute d'une sentence d'éviction ; pourtant on excepte l'homme libre vendu comme esclave, parce que l'éviction a lieu par la *causa liberalis*.

L'exercice de l'action *ex stipulatu* exige une condamnation préalable : *spondes mihi duplam pretii si res a me evicta fuerit ;* en revanche, le recours est ouvert dès que la sentence est intervenue, encore même qu'elle ne soit pas exécutée. Pourtant, si le litige porte sur un esclave, en fuite par la faute du possesseur, on diffère l'exercice de l'action *ex stipulatu* jusqu'à la reprise du fugitif.

NOTES EXPLICATIVES.
Du louage.

1. La détermination du prix peut être laissée à un tiers; mais alors le contrat est inexistant si le tiers ne veut-ou ne peut fixer de prix.

2. Par exception à ce principe, on permet le louage *nummo uno* au mari qui, après divorce, remet à sa femme l'usufruit d'un fonds constitué en dot.

3. Lorsque deux individus s'engagent réciproquement à se procurer la jouissance de deux choses, ils font un contrat innomé et non pas un louage.

4. Sous Justinien, en cas de confection d'un écrit, la formation du contrat est différée jusqu'à ce qu'il ait été signé.

5. Dans les deux premiers, le *conductor* est celui qui paie le prix; dans le troisième, c'est le *locator* parce qu'il se dessaisit de sa matière (*locat opus*) pour la faire travailler. (Accarias).

L'ouvrier qui travaille en journée chez autrui est un *locator operarum;* celui qui travaille chez lui est un *conductor operis*. Le premier a droit au salaire, indépendamment des cas fortuits; le second supporte les risques jusqu'à ce que son travail ait été agréé.

Si l'ouvrier qui travaille chez lui fournit la matière première, il n'y a plus louage d'ouvrage, mais bien vente.

Le louage d'ouvrage ne peut avoir pour objet un fait juridique, il doit nécessairement s'appliquer à une chose corporelle : il doit être appréciable en argent et ne peut consister en un service professionnel (médecin, instituteur, etc.); cependant on admet la formation d'un louage s'il s'agit d'instruire un esclave.

(D'après M. Accarias, les soins professionnels, réputés non appréciables en argent, sont en dehors de tout contrat). **Controv.**

On nomme louage irrégulier celui dans lequel le *conductor,* donnant des choses fongibles à transporter, ne peut pas en exiger identiquement la remise.

6. On l'appelle encore quelquefois *dominus,* alors même qu'il n'est pas propriétaire.

7. Le colonat partiaire est une sorte de louage, bien qu'il n'y ait pas de prix ; il tient un peu de la société, ce qui fait que le colon partiaire ne peut, en principe, sous-louer son droit. De plus, en cas de perte de récolte, il peut exiger la remise de son loyer, à moins que les récoltes subséquentes ne compensent la perte.

8. Le bailleur a pour garantie une hypothèque spéciale et un interdit (voir ci-après, pages 81 et 91, l'action Servienne et l'interdit Salvien).

Les termes d'un loyer se nomment *pensio.*

9. Le locataire a droit aux fruits, mais ne les acquiert que par la perception, il s'ensuit qu'il peut exercer, en cas de vol, l'action *furti,* mais non pas l'action en revendication.

Le locataire, autre qu'un colon partiaire, a le droit de sous-louer, à moins de clause contraire.

10. La tacite reconduction prolonge le bail, mais non pas les sûretés accessoires fournies par les tiers, à moins qu'ils n'y consentent expressément.

11. Cette solution est présumée en l'absence de texte.

12. Il s'agit de la vente du droit d'emphytéose : cette disposition émane de l'empereur Zénon.

Des obligations consensuelles (Suite).

Du louage (Titre 24).

Louage

- contrat synallagmatique consistant en
  - une chose à procurer ;
  - un prix (*merces*)
    - déterminé, [1]
    - non simulé, [2]
    - consistant en argent monnayé ; [3, 7]
  - un accord sur la chose et sur le prix. [4]
- est de trois sortes :
  - louage de choses ou *rei*,
  - louage de services ou *operarum*,
  - louage d'ouvrage ou *operis*. [5]
- on appelle
  - *locutor*, le bailleur ou locateur ; [6]
  - *conductor*, le preneur ou locataire ;
  - *colonus*, le locataire d'un bien rural ; [7]
  - *inquilinus*, celui d'une maison.
- donne lieu à deux actions
  - *locati*, ouverte au bailleur
    - pour se faire payer le prix du loyer, [8]
    - pour se faire restituer la chose à l'expiration du bail,
    - pour obtenir réparation du préjudice causé par la faute du locataire ;
  - *conducti*, ouverte au locataire
    - pour obtenir la jouissance de la chose,
    - pour se faire indemniser des troubles subis,
    - pour se faire rembourser ses impenses.

Comparaisons

- l'acheteur
  - a droit à la mise en possession complète et peut usucaper ;
  - supporte les chances de perte par cas fortuit sans diminution du prix.
- le locataire
  - obtient la possession, mais à titre précaire seulement ; [9]
  - cesse d'être tenu du prix, du jour où la jouissance lui est enlevée par cas fortuit ;
  - n'a qu'un droit personnel et ne peut agir contre les tiers ;
  - en cas de vente de la chose, peut être expulsé, sauf son recours contre le bailleur.
- l'usufruitier
  - a un droit réel et peut agir contre les tiers ;
  - conserve ses droits nonobstant la vente par le nu-propriétaire.

Le louage prend fin

- par l'arrivée du terme, sauf le cas de tacite reconduction ; [10]
- par la perte de la chose louée ;
- par la sentence du juge
  - pour abus de jouissance,
  - pour défaut de paiement du prix pendant deux ans ;
- par la volonté du bailleur qui peut toujours occuper personnellement sa chose ;
- par le mutuel consentement des parties ;
- par la mort de l'entrepreneur, pour la *locatio operis* ; [11]
- par la mort du locataire sans héritiers.

L'emphytéose ou bail à long terme

- s'établit
  - par convention,
  - par acte de dernière volonté ;
- donne le droit de jouir de la chose, même en en transformant la substance ;
- met les risques
  - de perte totale à la charge du propriétaire,
  - de perte partielle à celle de l'emphytéote ;
- est transmissible à des successeurs même à titre particulier ;
- en cas de vente, donne au propriétaire un droit de préemption ou une part de 2 p. 0/0 sur le prix ; [12]
- s'éteint
  - par la perte totale de la chose,
  - par le non-paiement de la redevance pendant trois ans,
  - par la mort de l'emphytéote sans héritiers.

NOTES EXPLICATIVES.
De la société.

1. La société ne peut devenir personne morale que par une loi : cette faveur exceptionnelle n'est donc accordée que dans un intérêt public, par exemple, aux sociétés fondées pour le recouvrement des impôts, pour l'exploitation des mines d'or et d'argent, ou des salines : ces sociétés sont alors administrées en général par un gérant, nommé *syndicus* ou *actor*.

2. Il est cependant fait exception pour les gains illicites et pour les pertes résultant du délit d'un associé.

3. C'est une sous-division de la société *alicujus negotiationis ;* on la nomme aussi : Société de publicains.

Les deux premières formes sont des sociétés à titre universel. Les associés gèrent tous, s'il n'y a clause contraire ; mais, lorsque leur action n'est pas commune, ils s'engagent seuls vis-à-vis des tiers et réciproquement : s'ils ont agi en commun, ils sont obligés proportionnellement aux parts sociales.

Toutefois, les marchands d'esclaves réunis en société sont toujours responsables pour le tout, et le banquier qui s'oblige *litteris*, oblige son associé pour la totalité de la dette.

4. Ce peut être un associé ; dans ce cas, il ne peut, sans manquer à ses devoirs, se refuser à remplir ce rôle ; si un tiers en a été chargé et qu'il refuse son concours, la société est nulle. Ce partage peut être attaqué comme inique ; il ne s'agit pas d'un forfait comme dans la vente.

5. La garantie est due par les associés à titre particulier, et non par les associés à titre universel qui ne peuvent donner au delà de ce qu'ils possèdent. — L'action *pro socio* est rarement exercée en fait au cours de la société, parce qu'elle aboutit le plus souvent à la dissolution.

6. Elle peut parfois être exercée au cours de la société, pour obtenir le partage d'un bénéfice réalisé.

7. Ses héritiers recueillent ses droits, mais ne peuvent entrer dans la société que par une nouvelle convention ; au contraire, les associés peuvent convenir que la mort de l'un d'eux n'empêchera pas la société de continuer entre les survivants.

Pourtant les sociétés de publicains, de mines, etc., étant des associations de capitaux, sont faites sans l'*intuitus personæ* et, par suite, continuent avec les héritiers de l'associé décédé, sans toutefois qu'ils aient le droit de gérer.

8. Ou par la *venditio bonorum :* la confiscation est presque toujours accompagnée d'une *capitis deminutio;* pourtant elle peut être l'accessoire de la *relegatio* qui n'entraine pas la perte du droit de cité.

9. La renonciation peut résulter de la vente ou de l'abandon des droits d'associé à un coassocié. Elle est possible non seulement en cas de société sans durée fixe (*in perpetuum*), mais même en tout autre cas, si l'associé a perdu la confiance.

Le renonçant dont l'acte est frauduleux ou intempestif *socios liberat a se, non se liberat a sociis :* il cesse de participer aux gains, mais contribue encore aux pertes.

En cas de dissolution, chaque associé reprend ses apports : cette reprise a sans doute lieu en valeur et non en nature, puisque les textes ne s'occupent que du partage du gain et des pertes (Accarias).

10. Cette dissolution a lieu de plein droit suivant les uns ; selon d'autres auteurs, le terme n'aurait pour effet que d'exonérer de responsabilité l'associé qui se retire.

Des obligations consensuelles (Suite).

De la société (Titre 25).

Société

contrat consistant dans
- l'union volontaire de plusieurs personnes,
- avec apport réciproque,
- en vue d'un gain à partager. [1]

est de cinq sortes (1)
- *totorum bonorum* — comprenant tout ce qui survient aux associés, même par succession, donation ou legs ; [2]
- *omnium quæ ex questu veniunt* — comprenant tous biens acquis à titre onéreux depuis le contrat ;
- *alicujus negotiationis* — formée pour un commerce déterminé ;
- *unius rei* — spéciale à une seule opération de commerce ;
- *vectigalis* — applicable au recouvrement des impôts. [3]

la part des associés est déterminée
- par la convention
  - les parts peuvent être différentes en gain et en perte ;
  - un associé peut être dispensé de toute chance de perte au delà de son apport (2) ;
- par l'arbitrage d'un tiers désigné à l'avance ; [4]
- par la loi qui, à défaut de convention, attribue à chacun une part virile quels qu'aient été ses apports.

donne ouverture
- à l'action *socii* ou *pro socio* pour l'exécution réciproque des engagements sociaux ; [5]
- à l'action *communi dividundo* pour le partage de la chose commune après dissolution de la société. [6]

se dissout
- *ex personis*
  - par la mort d'un associé ; [7]
  - par la *capitis deminutio*
    - *maxima* ou *media*,
    - *minima* avant Justinien ;
  - par la confiscation ou par la cession des biens ; [8]
- *ex rebus*
  - par la perte de la chose mise en commun ;
  - par la fin de l'opération ;
- *ex voluntate* — par la renonciation
  - ni inopportune,
  - ni frauduleuse ; [9]
- *ex actione* — par une novation ;
- *ex tempore* — par l'arrivée du terme convenu. [10]

---

(1) Si les parties ne s'en sont pas expliquées, la société est présumée universelle de gains.
(2) Cette solution n'est pas contraire au principe qui veut que chaque associé ait sa part dans les pertes, puisque l'associé favorisé perd toujours au moins son industrie ou son apport. D'après Ulpien, cet apport d'industrie doit avoir été supérieur à celui des autres associés.

NOTES EXPLICATIVES.

Du mandat.

1. Le mandat s'applique à un fait juridique non corporel qui ne pourrait faire l'objet d'un louage.

Il importe de distinguer le mandat du *jussus* par lequel le père de famille enjoint de faire un acte. Le mandat diffère également du conseil qui, à moins d'un dol, n'engage pas celui qui l'a donné.

Le mandat est spécial ou général ; dans ce dernier cas, son étendue dépend de l'intention des parties.

2. La première action entraîne infamie ; la seconde ne peut indemniser le mandataire des pertes par cas fortuits qui n'ont été que la conséquence tout à fait indirecte du mandat (spoliation au cours d'un voyage).

A moins de convention spéciale, le mandataire ne répond que du dol et de la faute lourde ; pourtant, Ulpien et Dioclétien l'obligent aux soins d'un bon père de famille.

3. Le mandataire doit être déchargé par les modes extinctifs d'obligation (paiement, novation, etc.).

Le mandat dépassé, nul suivant les Sabiniens, oblige en partie le mandant ; mais ce dernier aurait droit à dédommagement si le mandat avait pu être exécuté tel quel : le mandant ne peut exiger la livraison de la chose outrepassant le mandat. **Controv.**

4. Après la mort du mandant, la gestion continuée ne donne plus que l'action *negotiorum gestorum*, à moins que le mandataire n'ait ignoré la mort.

L'extinction du mandat n'éteint pas les actions *mandati* qui peuvent être exercées pour faits postérieurs, par exemple, pour un paiement valablement reçu d'un débiteur de bonne foi, après la révocation du mandataire.

Dans l'ancien droit le mandat *post mortem mandantis* était nul ; Justinien le valide, s'il a pour but d'élever un tombeau au mandant, ou d'acheter un fonds pour ses héritiers.

5. L'insolvabilité du mandant est une juste cause de renonciation. (Voir page 96 les règles relatives au *mandatum credendæ pecuniæ* et à la *procuratio in rem suam*.)

Des pactes.

6. Le principe du droit civil est : *Ex pacto actio non nascitur neque tollitur.* Pourtant la loi des 12 Tables admet l'extinction des actions *furti* et *injuriarum* par un simple pacte.

Certains pactes sont successivement pourvus d'action et dits légitimes, par exemple, ceux qui ont pour but de constituer une dot ou une donation, celui par lequel un banquier stipule des intérêts en faisant un *mutuum*.

7. Le préteur sanctionne trois pactes par des actions : le constitut, le serment, et l'hypothèque ; il accorde à tous les autres une exception, mais cette protection est le plus souvent illusoire, sauf en ce qui touche le pacte *de non petendo*.

8. Dans ce cas, on donne l'action du contrat, même s'il s'agit de la résolution. Cet effet n'a été admis qu'à la longue pour les stipulations ; le *mutuum* au contraire comporte plusieurs pactes adjoints.

9. Cet effet est dû à ce que le pacte n'est pourvu que d'une exception.

10. Tel est du moins l'avis de Paul et d'Ulpien contre celui de Papinien.

Le pacte adjoint à une action *in continenti* est valable s'il diminue l'obligation, pourvu qu'il ne soit pas contraire à l'essence du contrat. S'il crée une obligation, elle doit être contenue dans la dation.

---

11. Dans ce cas, il y a lieu, non à l'action *mandati*, mais à une *persecutio extra ordinem*. Aussi certains auteurs affirment que les soins professionnels ne pouvaient, aux yeux des Romains, faire la matière d'un mandat, ni même d'un contrat obligatoire : cette doctrine aurait pour motifs que les services de cette nature ne sont pas appréciables en argent.

Des obligations consensuelles (Suite).

Du mandat (Titre 26).

Le mandat

contrat gratuit (1) par lequel une personne en charge une autre d'un soin ou d'un fait ; [1]

est parfait dès que le mandataire a accepté le mandat ;

donne naissance à deux actions

directa — pour assurer l'exécution du mandat;

contraria — permettant au mandataire de se faire rembourser de ses frais, qu'ils aient profité au mandant ou non. [2]

a pour effets

de donner au mandataire un recours contre le mandant, jusqu'à concurrence du mandat ; [3]

de laisser le mandataire agir en son propre nom en droit civil, ce résultat a été modifié dans la suite (voir ci-dessous, pages 85, 87 et 96).

est contracté

purement et simplement,

à terme,

sous condition.

prend fin

par la mort du mandant, [4]

par la mort du mandataire (2) ou son incapacité,

par la révocation du mandat,

par la renonciation non intempestive du mandataire. [5]

Des pactes (Titre 26).

Les pactes

conventions non pourvues d'action par le droit civil. [6]

proviennent

du droit civil — institués par la jurisprudence ;

du droit prétorien — institués par le préteur ; [7]

du droit impérial ou légitime — sanctionnés par des constitutions impériales.

sont

isolés — contrats innomés ;

accessoires

ajoutés *in continenti*

si le contrat est de bonne foi,

s'il s'agit d'une stipulation,

le pacte fait corps avec le contrat ; [8]

si le contrat est de droit strict — le pacte n'est valable que s'il décharge le débiteur ; [9]

ajoutés *ex intervallo*

le pacte n'est valable que s'il décharge le débiteur ; [9]

s'il s'agit de contrat consensuel, le pacte est considéré comme un second contrat. [10]

nus. — conventions dépourvues d'actions et n'engendrant qu'une obligation naturelle, mais pouvant servir de base à une fidéjussion.

---

(1) La gratuité n'empêche pas l'allocation d'honoraires, toutes les fois que le mandat s'adresse à la science ou au dévouement du mandataire. [11]

(2) Les héritiers du mandataire doivent continuer les affaires en cas d'urgence ; ils exercent leur recours contre le mandant par l'action *negotiorum gestorum*.

NOTES EXPLICATIVES.

Contrats innomés.

1. Ces conventions se forment *re ;* les deux premières sont des pactes adjoints à une dation. Le contrat: *facio ut des* a été le dernier admis par la jurisprudence.

2. On la nomme également : *condictio ob rem dati.* Tant qu'elle exista seule, les risques furent à la charge du débiteur *(Celsus) ;* dès que la jurisprudence eût consacré les contrats innomés, les cas fortuits incombèrent au créancier *(Paul).*

3. L'action *præscriptis verbis* est civile, c'est-à-dire créée par les prudents, *in factum* en ce sens que, faute de dénomination spéciale pour chaque convention, elle contient dans la *demonstratio* l'exposé du fait; l'*intentio* en est *incerta ;* mais la formule elle-même est *in jus concepta,* en ce sens qu'elle comporte la mention d'un lien de droit : *oportere* (voir ci-après, page 71).

Cette action a été imaginée par Labéon pour les cas où il y avait doute sur l'action applicable par analogie, c'est-à-dire, où la doctrine Sabinienne était insuffisante.

Lorsque le tiers est sans intérêt à poursuivre l'exécution du contrat, on lui donne une *condictio ex pœnitentia.*

4. Il est bien entendu que l'option suppose que l'exécution a eu lieu par une dation ; un fait ne donne ouverture qu'à l'action *præscriptis verbis.*

On appelle *actio æstimatoria* une variété de l'action *præscriptis verbis* donnée en vue du contrat dit: *æstimatum* et qui consiste dans la remise d'une chose à vendre, avec faculté de la rendre ou de payer un prix déterminé d'avance en conservant le surplus. L'*accipiens* est propriétaire et ne répond que de son dol à moins qu'il n'ait offert ses services.

L'échange *(do ut des)* exige une double dation ; si la possession seule est transférée, il y a une *condictio possessionis.* Cette convention se rencontre dans tous les partages : elle ne donne pas lieu à la rescision pour lésion.

Obligations qui naissent comme d'un contrat.

5. Le pupille ne peut être tenu en vertu de ces actions que *de in rem verso* ou en vertu de la compensation s'il est demandeur.

Si l'affaire intéressait conjointement le gérant et celui dont il a fait l'affaire, il n'y a lieu aux actions de gérance que si les intérêts étaient possibles à séparer. Ainsi le créancier envoyé en possession et administrant n'est pas un gérant d'affaires, parce qu'il agit dans son propre intérêt ; il n'a de recours que par l'action de dol ou une action *in factum.*

En principe, le gérant répond de ses fautes, mais non des cas fortuits.

Le gérant n'est pas relevé de ses obligations par la mort du maître.

Le préteur donne l'action *funeraria* à celui qui a fait l'avance des frais funéraires contre celui qui doit les supporter.

6. Pourvu que la défense ait été faite par écrit ou devant témoins : ce refus de recours vient de Justinien.

7. L'utilité de l'acte s'apprécie au moment où il est accompli.

8. Telle est la doctrine de Pomponius et d'Ulpien ; mais à la fin du droit formulaire, la question a perdu tout intérêt, parce que la ratification du maître lui enlève le droit de contester l'utilité des actes du gérant : dès lors l'une et l'autre action donnent le même résultat.

9. Ne pas perdre de vue qu'avant la création de l'action *tutelæ contraria,* le tuteur n'avait d'autre recours que l'action *negotiorum gestorum contraria.*

10. Ils peuvent convenir qu'ils resteront un certain temps dans l'indivision.

Cette indivision peut encore cesser par un pacte muni d'une exception et même d'une action dès qu'il a été exécuté par un des copartageants.

Des obligations consensuelles (Suite).

Des contrats innomés (Titre 26)

Les contrats innomés
{
ont pour but quatre opérations diverses
{
do ut des,
do ut facias,
facio ut des,
facio ut facias[1] ;

sont, en principe, dénués d'effets juridiques faute d'action ;

sont sanctionnés par la jurisprudence, dès que l'une des parties a exécuté la convention,
{
si les choses peuvent être remises en état, par la *condictio causa data, causa non secuta.*[2]

dans le cas contraire
{
suivant les Proculiens, par l'action *in factum præscriptis verbis ;*[3]

suivant les Sabiniens, par l'assimilation à un des contrats nommés ou par l'action de dol.

Sous Justinien, la doctrine des Proculiens a prévalu et la partie qui a exécuté la convention a le choix entre l'action *præscriptis verbis* et la *condictio causa data, causa non secuta* : la première fait obtenir une somme représentative de l'intérêt des contractants; la seconde est calculée sur la valeur intrinsèque de la chose. [4]

Des obligations qui naissent comme d'un contrat (Titre 27).

Les quasi-contrats résultent de cinq causes :
{
la gestion d'affaires,
la communauté d'une tutelle ou d'une curatelle
}
analogues au mandat ;

la communauté ou l'indivision — analogue à la société ;
l'acceptation d'une hérédité — sans analogie directe ;
le paiement de l'indu — analogue au *mutuum.*

La gestion d'affaires
{
donne lieu, comme le mandat, à deux actions contraires
{
actio negotiorum gestorum directa,
actio negotiorum gestorum contraria ;[5]

ne donne aucune action si la gestion a été entreprise
{
malgré le maître ;[6]
dans une intention libérale ;

ne donne de recours au gérant qu'autant que ses dépenses ont été utilement faites ;[7]

donne au gérant l'action *mandati contrariâ,* dès que ses actes ont été ratifiés par le maître ;[8]

La tutelle donne lieu à deux actions
{
tutelæ directa, pour la reddition des comptes ;
tutelæ contraria, pour le remboursement des dépenses faites par le tuteur.

La curatelle donne naissance aux mêmes actions que la gestion d'affaires. [9]

L'indivision se résout
{
par l'action *communi dividundo* entre copropriétaires ;
par l'action *familiæ erciscundæ,* entre cohéritiers. [10]

(Ces actions tendent au partage : les communistes ne sont pas tenus d'apporter une diligence supérieure à celle qu'ils mettent à leurs propres affaires.)

L'acceptation d'une hérédité lie l'héritier envers le légataire par l'action *ex testamento.*

4

NOTES EXPLICATIVES.

Des obligations qui naissent comme d'un contrat (Suite).

1. Le lien de droit découle d'une dation et aboutit à une *condictio ;* il y a donc analogie avec le *mutuum.*

2. C'est une action de droit strict qui ne donne droit à aucun intérêt : l'*intentio* y est souvent *incerta,* notamment, si l'*accipiens* était de bonne foi, cas auquel il n'est tenu que *de in rem verso.*

3. Sinon, il y a gestion d'affaires, dation en paiement ou donation.

4. Cette doctrine se réfère au cas où le défendeur est passible d'une condamnation double en cas de dénégation ; M. Accarias fait remarquer que la transaction est précisément interdite en ce cas ; par suite il n'y aurait là qu'une anomalie sans explication.

5. Il rend également les accessoires : dès qu'il y a manœuvre, il y a un *furtum.* S'il y a successivement onne et mauvaise foi, on applique les deux solutions.

Prestation des fautes.

6. En ce sens que quiconque est responsable de l'un est responsable de l'autre ; mais la faute lourde (*culpa lata*) ne donne pas lieu à l'action de dol. D'après certains auteurs, cette faute comprendrait aussi celle que le débiteur ne commet pas dans ses propres affaires, c'est-à-dire la faute légère *in concreto*. **Controv.**

Le dol et la faute lourde ne se présument pas ; ils sont seuls imputables au débiteur désintéressé dans le contrat. Pourtant, le précariste, bien qu'obligé dans son seul intérêt, ne répond que du dol et de la faute lourde : la même exception est faite pour l'*agrimensor* parce que ses services ne sont pas appréciables en argent.

7. Il en est de même de l'acquéreur fiduciaire, du copropriétaire par indivis, et du mari pour l'action *rei uxoriæ*.

8. C'est ce que les textes appellent : *præstare culpam et diligentiam seu custodiam.*

9. Les cas fortuits prennent le nom de force majeure, dès qu'ils sont le résultat d'une violence des hommes, par exemple d'un vol à main armée.

Personnes par lesquelles nous acquérons une obligation.

10. On acquiert par un esclave même les actions du délit dont il a été la victime.

---

11. C'est un tempérament admis par les jurisconsultes.

Des obligations qui naissent comme d'un contrat (Suite).

Le paiement de l'indu [1].
- donne naissance à la *condictio indebiti* ; [2]
- comporte trois conditions :
  - que la chose payée ne soit due
    - ni civilement et purement,
    - ni civilement et à terme,
    - ni naturellement ;
  - que le paiement ait été fait par erreur (1) ; [3]
  - que le paiement ne soit pas une transaction ; [4]
- oblige l'*accipiens*
  - de bonne foi à rendre ce dont il s'est enrichi ;
  - de mauvaise foi à rendre ce qu'il a reçu. [5]

De la prestation des fautes (Titre 28).

La responsabilité
- résulte
  - du dol — action nuisible faite en connaissance de cause — le contractant en est toujours responsable ;
  - de la faute
    - lourde — résultat d'une négligence grossière — elle est assimilée au dol ; [6]
    - légère
      - *in concreto* — en tenant compte des habitudes du débiteur — elle n'est pas imputable au débiteur qui a un intérêt commun avec le créancier, tel qu'un associé ; [7]
      - *in abstracto* — comparativement à la conduite d'un propriétaire diligent — le débiteur en est généralement responsable, à moins qu'il n'ait aucun intérêt au contrat ou n'en ait été spécialement dispensé. [8]
- ne résulte pas, sauf convention contraire, des cas fortuits — événements indépendants de la volonté du débiteur et ayant entraîné la perte partielle ou totale de la chose. [9]

(L'estimation de la chose est considérée comme transférant implicitement la responsabilité des cas fortuits (2).)

Personnes par lesquelles nous acquérons une obligation.

Les personnes par lesquelles nous acquérons une obligation sont les mêmes que celles par lesquelles nous acquérons la propriété (3). [10]

---

(1) L'erreur doit, en principe, porter sur le fait ; si elle porte sur le droit, elle doit être excusable et n'être pas une cause d'enrichissement. [11]
(2) Estimation vaut vente.
(3) Voir aux matières de l'examen de première année.

NOTES EXPLICATIVES.

Extinction des obligations.

1. Le tiers qui a payé sans avoir la volonté de donner a recours contre le débiteur principal par les actions *mandati* ou *negotiorum gestorum*, suivant que le paiement a été ou non connu du débiteur.

2. A défaut d'or exigible aux termes de la créance, Justinien autorise, avec arbitrage du juge, une sorte de cession d'immeubles qui n'est qu'une cession de biens partielle.

Les règles de l'imputation des dettes sont conformes à l'intérêt du débiteur : les obligations naturelles sont toujours réputées payées les dernières.

Si l'incapable a exécuté une obligation consistant *ad faciendum*, il a, sans doute, une *condictio sine causa*.

3. Tant que la révocation du mandataire est inconnue du tiers, le paiement reste valable.

Le paiement d'une obligation de choses de genre doit être fait au domicile du débiteur, à moins de convention contraire.

4. Une ratification valide le paiement.

5. L'offre se fait par-devant témoins : le dépôt a lieu ordinairement dans un temple : si le créancier est absent, le dépôt seul a lieu sur ordre du magistrat.

Les offres purgent la demeure, et le dépôt éteint l'obligation et ses accessoires : le dépôt non accepté peut être repris, mais cette reprise est sans effet contre les tiers qui sont libérés par la consignation.

6. La non présence d'une partie au moment d'une stipulation (voir page 28, note 3) se prouve par écrit ou par témoins aux termes d'une constitution de Justinien.

7. Cette opinion est consacrée par Dioclétien.

8. Cette doctrine est d'Ulpien ; elle a pour but de sauvegarder les droits des tiers, débiteurs accessoires.

9. La nouvelle obligation peut n'être que naturelle.

D'après M. Accarias, les obligations ne se sont éteintes, à l'origine, que par des formes analogues à celles qui les avaient engendrées : *quæ jure contrahuntur, contrario jure pereunt.*

La stipulation est le seul mode de novation reconnu par les Romains *stricto sensu*, parce que c'est le seul contrat indivisible où l'extinction de l'obligation et la naissance de celle qui lui est substituée soient confondues; dans toute autre forme, il y a deux opérations distinctes et séparables.

10. Si la première obligation est future, la novation est conditionnelle ; si la novation a lieu par une stipulation dans laquelle l'objet est exprimé, la stipulation se forme, alors même que la précédente obligation n'existerait pas.'

11. Lorsqu'il n'y a pas identité d'objet, Gaius, Julien et Ulpien n'admettent pas l'extinction *ipso jure*, mais seulement par voie d'exception.

Sous Justinien, l'intention de nover supplée à toute forme : on admet le changement d'objet, ainsi que l'addition et le retranchement d'un fidéjusseur : Gaius avait déjà reconnu cette dernière interprétation contre l'avis des Proculiens, bien qu'elle fût contraire aux principes.

12. Le débiteur substitué est un *expromissor*. La promesse faite par un esclave n'emporte novation que si elle a trait au pécule et si, par suite, l'action *de peculio* est applicable ; autrement l'action primitive reste.

Si la stipulation nouvelle est conditionnelle, l'obligation primitive revivra si la condition ne se réalise pas, l'action du demandeur restant paralysée, jusqu'à l'arrivée ou la défaillance de la condition, par l'exception *pacti conventi* ou *doli mali*. Si, au contraire, il s'agissait de substituer une obligation pure et simple à une obligation conditionnelle, la nouvelle serait immédiatement valable ; la précédente s'éteindrait si elle venait à naître.

Extinction des obligations (Titre 29).

Les obligations s'éteignent ipso jure (1)

par le paiement

remise de la chose ou exécution de l'acte qui fait l'objet de l'obligation ;

qui peut être fait
- par le débiteur principal,
- par le débiteur accessoire,
- par un tiers, même contre le gré du débiteur (2); [1]

(Celui qui paie pour autrui doit avoir la volonté de le libérer, et, si l'obligation a pour objet une dation de chose, en être propriétaire et être capable de l'aliéner.) [2]

qui doit être fait
- au créancier, s'il est capable de recevoir,
- à son mandataire, [3]
- au tuteur ou curateur,
- à l'*adjectus solutionis gratia* (*mihi aut Seio dare spondes ?*) ;

qui peut être fait
- à un tiers, si le créancier y consent, [4]
- par voie de consignation, si le créancier refuse de recevoir la chose ; [5]

qui doit consister dans l'exécution stricte et intégrale de l'obligation, à l'époque et au lieu convenus ;

qui a pour effet d'éteindre
- l'obligation principale,
- les obligations accessoires,
- les sûretés accessoires, telles que gage, hypothèque, etc.

qui se prouve
- par quittance libératoire,
- par témoins (au nombre de cinq si la dette est constatée par écrit). [6]

par la dation en paiement

prestation d'une chose autre que la chose due ;

qui exige le consentement du créancier ;

qui opère extinction
- *ipso jure*, selon les Sabiniens, [7]
- moyennant l'exception de dol, selon les Proculiens ;

si le créancier est évincé de la chose (3)
- la créance primitive revit ;
- le créancier obtient une action utile *ex empto*. [8]

par la novation

transformation d'une obligation en une autre dans un but de commodité ; [9]

exigeant
- le consentement des parties ;
- leur intention de nover : Justinien exige qu'elle soit expresse ;
- une stipulation valable ou une obligation littérale ;
- une obligation préexistante ; [10]
- un élément nouveau dans l'obligation
  - changement de dette
    - dans l'objet, [11]
    - dans la cause,
    - dans les modalités ;
  - changement de débiteur ; [12]
  - changement de créancier ;
  - changement dans les accessoires ;

ayant pour effet
- d'éteindre l'obligation principale primitive,
- d'éteindre les sûretés accessoires, à moins qu'elles n'aient été réservées.

(1) Les exceptions ont pour effet de paralyser les actions résultant des obligations et non d'éteindre ces dernières, *vide infra*, page 89.

(2) A moins que l'obligation n'ait eu spécialement en vue l'art personnel du débiteur.

(3) Ces deux solutions appartiennent, la première à l'école des Sabiniens, la deuxième à celle des Proculiens ; ou, peut-être, n'y a-t-il entre elles aucun lien de doctrine.

NOTES EXPLICATIVES.

Extinction des obligations (Suite).

1. L'acceptilation tantôt réalise une donation, tantôt est le complément d'un paiement qui, au début, ne suffisait pas à éteindre l'obligation verbale. — Les règles étroites que comporte cette forme d'extinction sont abandonnées peu à peu.

2. Toute obligation peut être d'abord novée en stipulation : à l'origine, l'acceptilation doit reproduire les paroles de la stipulation à éteindre ; à défaut de désignation, elle éteint tout ce qu'un débiteur doit par promesse verbale.

L'acceptilation sert toutes les fois que le débiteur a droit à sa libération sans paiement (legs de dette).

3. C'est une sorte de novation de l'action applicable seulement aux droits litigieux et qui, après les avoir traduits sous forme de stipulation, les éteint par acceptilation : elle est applicable à tout droit, même réel, et à toute obligation, et sert principalement à réaliser les transactions.

L'acceptilation partielle, d'abord interdite, est permise au temps de Gaius. — La femme qui peut recevoir paiement ne peut faire acceptilation ; l'impubère qui ne peut recevoir paiement peut recevoir acceptilation ; pour être faite par un tiers, tuteur, etc., il suffit qu'elle soit précédée d'une novation.

4. Cette extinction a lieu *ipso jure* si les choses sont entières ; sinon, par voie de pacte.

Un pacte *de non petendo*, fait à un des codébiteurs, fait présumer le mutuel dissentiment. (Voir p. 96 les règles du pacte *de non petendo*).

5. La demeure perpétue l'obligation et son objet. (Voir ci-après, p. 96).

6. Encore faut-il que l'intention de la faire revivre ait été arrêtée dès le principe ; sinon, c'est une chose nouvelle.

7. La confusion équivaut à un paiement effectif portant accroissement ou diminution du patrimoine recueilli ; par suite la créance confondue entre dans le calcul de la Falcidie, etc.

La confusion opère *ipso jure* et ne laisse même pas après elle une obligation naturelle.

8. Celui qui néglige de s'en prévaloir conserve sa créance.

Diverses causes d'extinction peuvent encore être mentionnées : le concours de deux causes lucratives, la *capitis deminutio*, la *litis contestatio*, la prescription, le serment, le pacte *de non petendo*.

Ces modes ne sont pas, à proprement parler, des modes d'extinction, en ce sens qu'ils n'ont qu'un résultat imparfait, ou qu'ils tendent à la transformation, plutôt qu'à l'extinction de l'obligation.

La délégation du débiteur est une convention qui s'exécute par la stipulation, par l'*expensilatio*, par la *litis contestatio* (à la condition que l'action soit intentée par un tiers), et par la *dictio dotis*.

La délégation est soumise aux conditions de validité du paiement. Parfois, elle est faite aux risques du délégant qui, dans ce cas, répond de l'insolvabilité par l'action de mandat.

Extinction des obligations (Suite).

Les obligations s'éteignent *ipso jure* (suite)

par l'acceptilation
- paiement fictif qui produit les mêmes effets que le paiement ; [1]
- qui, comme la stipulation,
  - s'applique aux obligations verbales,
  - consiste en interrogation solennelle,
  - se passe de cause ; [2]
- qui, appliquée à une obligation non verbale, procure au débiteur une exception ;
- remplacée, en cas d'obligation non verbale, par la stipulation aquilienne. [3]

par le mutuel dissentiment
- qui s'applique seulement aux obligations consensuelles ;
- qui consiste dans un simple accord de volontés ;
- qui anéantit la précédente obligation ; [4]
- qui produit une obligation nouvelle si la précédente a reçu un commencement d'exécution.

par la perte de la chose par cas fortuit (1),
- pourvu qu'il s'agisse d'un corps certain ;
- pourvu que le débiteur ne soit ni en faute, ni en demeure ; [5]
- pourvu que la chose soit périe totalement et ne revive pas. [6]

par la confusion
- réunion sur la même tête des qualités de créancier et de débiteur d'une chose ;
- ayant pour effet
  - d'éteindre l'obligation principale définitivement ; [7]
  - d'éteindre la fidéjussion seule si la confusion se produit dans la personne du fidéjusseur.

par la compensation (3)
- extinction de deux dettes l'une par l'autre ;
- avant Justinien
  - admise dans les actions de bonne foi ;
  - inapplicable
    - aux actions *in rem*,
    - aux actions de droit strict (2) ;
  - Marc-Aurèle a étendu la compensation aux actions de droit strict par le moyen de l'exception de dol.
- sous Justinien
  - elle reste judiciaire, mais a lieu *ipso jure*, sans le secours d'une exception ; [8]
  - elle est admise dans les actions *in rem* ;
  - les créances doivent être liquides ;
  - elle est inapplicable aux cas de dépôt ou de spoliation.

---

(1) La perte par cas fortuit paralyse l'obligation plutôt qu'elle ne l'éteint.

(2) Excepté pour les banquiers et pour les individus créanciers et débiteurs d'un insolvable dont les biens ont été vendus en masse. Pour les premiers elle se nomme *deductio* et est la conséquence de la tenue d'une sorte de compte courant ; pour les seconds, elle présente les caractères d'une véritable compensation.

(3) La compensation n'est pas, à proprement parler, une cause d'extinction directe des obligations. c'est, à l'origine surtout, une conséquence de la procédure formulaire. Dans les actions de bonne foi, elle est admise lorsque les deux dettes procèdent *ex eadem causa* ; quant aux actions de droit strict, l'exception de dol, suivant les uns, les transforme en actions de bonne foi, et, suivant les autres, entraîne perte intégrale du procès pour le plaideur qui n'a pas réduit sa demande du montant de sa propre dette. (Voir ci-après, page 88). **Controv.**

NOTES EXPLICATIVES.

Des obligations qui naissent d'un délit.

1. Les esclaves et les pupilles proches de la puberté s'obligent par leur délit et leur quasi-délit : il n'y a d'exception que pour les fous ou les impubères *infantes* et *infantiæ proximi*.

2. On cite encore l'action *servi corrupti* qui donne une indemnité double de la valeur de l'esclave ; elle a pour but de réprimer toute détérioration physique ou morale de l'esclave.

De même, l'action *arborum furtim cæsarum* est du double du dommage causé ; le propriétaire a le choix entre elle et l'action de la loi *Aquilia*, avec laquelle elle fait double emploi.

3. On distingue trois sortes de *furtum* : le *furtum rei* ou vol d'une chose ; le *furtum usus* ou détournement commis par le dépositaire qui use de la chose déposée, par le commodataire qui se sert de la chose prêtée pour un usage non prévu, etc.; le *furtum possessionis* commis par le propriétaire qui reprend possession d'un objet dont il a aliéné la jouissance (commodat, louage, usufruit, etc.).

4. La soustraction devait porter sur une chose mobilière (point controversé à l'origine) et *in commercio*. — Le vol de *res sacræ* ou *publicæ* est réprimé par la loi *Julia peculatus* : le vol d'une personne libre tombe sous la loi *Fabia de plagiariis ;* cependant si l'individu volé est *in potestate, judicatus seu addictus*, ou *auctoratus* (loué comme gladiateur), on donne contre le délinquant l'action *furti*.

L'occupation d'une *res hereditaria*, punie sous Marc-Aurèle du *crimen expilatæ hereditatis*, ne constitue pas un vol, puisque l'hérédité est jacente : l'action *furti* peut cependant être donnée dans ce cas à un gagiste, un usufruitier, etc.

5. Ce lucre peut consister dans une donation. Le défaut de l'*animus lucrandi* différencie le *furtum* de l'action *arborum furtim cæsarum*.

6. La peine du vol *conceptum* est triple ; elle suppose que l'objet a été trouvé par une perquisition faite *lance licioque* ; le détenteur de bonne foi en est passible ; le vol *oblatum* est la correction du précédent, et procure au tiers inconscient une indemnité triple. Le *furtum prohibitum* ou *non exhibitum* est passible d'une peine quadruple édictée par le préteur.

La loi des 12 Tables permettait de tuer le voleur nocturne et même le voleur de jour s'il était armé : le voleur était frappé de verges, puis, s'il était pubère et esclave, précépité de la roche Tarpéienne, sinon, *addictus*.

Il y a vol manifeste, lorsque le voleur est pris sur le fait, dans le lieu du délit, nanti de l'objet volé, avant d'être arrivé à destination.

7. Elle est susceptible de s'éteindre par la perte fortuite.

8. Ils sont présumés en demeure par suite du délit.

9. Le préteur donne également l'action *ad exhibendum*.

10. On prend la plus haute valeur acquise par la chose depuis le délit et on y ajoute le *quod interest* pour déterminer le simple. La *condictio* est aussi de la plus haute valeur acquise par la chose depuis le délit ; elle ne se donne ni contre les complices, ni en cas de vol d'un homme libre.

11. Le voleur volé lui-même n'y a pas droit. — En cas de vente, si la chose non livrée est volée, l'action est donnée au vendeur ; l'acheteur ne peut l'avoir que par une cession.

12. Le même privilège appartient à un client ou à un affranchi habitant chez son maître. Dans tous ces cas, la chose volée est *furtiva* et non susceptible d'usucapion ; les complices peuvent être poursuivis.

---

13. Dans ces deux cas, le propriétaire peut également exercer l'action *furti*. En cas de commodat, le propriétaire a le choix entre l'action *furti* et celle du contrat ; s'il exerce la première, le commodataire est tenu pour libéré ; s'il opte pour la seconde, le commodataire a l'action *furti*. — Le dépositaire, ni le précariste n'ont l'action *furti*, parce qu'ils ne sont pas obligés à *præstare custodiam* et qu'ils ne sont tenus que de leur dol ou de leur faute lourde ; elle est donc alors donnée au propriétaire. Lorsque le gagiste exerce l'action *furti*, il ne peut garder l'indemnité que jusqu'à concurrence de la créance ; le reste appartient au propriétaire, à moins qu'il ne soit lui-même le voleur.

LIVRE IV.

Des obligations qui naissent d'un délit (Titre 1).

—————

Les délits — faits préjudiciables à autrui et réprimés par une loi (1) ;

sont
- publics — dont la poursuite appartient à tous,
- privés — qui ne peuvent être poursuivis que par la personne lésée ;

privés
- donnent lieu
  - à une action privée, pour la réparation du préjudice,
  - à une action pénale, aboutissant à une condamnation pécuniaire ; [1]
- donnent naissance à des obligations réelles ;
- sont au nombre de quatre d'après les Institutes [2]
  - *furtum* — vol, [3]
  - *rapina* — vol avec violence,
  - *damnum* — dommage,
  - *injuria* — injure.

Le vol — *furtum est contrectatio rei fraudulosa lucri faciendi gratia.*

exige trois conditions
- soustraction de la chose ou détournement de sa destination, [4]
- intention frauduleuse et contraire à la volonté du maître,
- intention de réaliser un lucre. [5]

se divise en vol
- manifeste — dont l'auteur est saisi encore nanti de l'objet volé,
- non manifeste — tout autre vol.
- *conceptum* — lorsque l'objet volé est trouvé chez un recéleur,
- *oblatum* — lorsque l'objet a été déposé chez un tiers inconscient,
- *prohibitum* — fait du détenteur qui se refuse à une perquisition,
- *non exhibitum* — lorsque le détenteur ne représente pas l'objet volé.

(Sous Justinien, il ne reste plus que les vols manifeste et non manifeste.) [6]

donne naissance à trois actions
- deux civiles
  - en revendication — donnée au propriétaire contre tout détenteur, même de bonne foi ; [7]
  - *condictio furtiva* — personnelle, de droit strict, dirigée contre le voleur ou ses héritiers. [8]
  - (La partie lésée a le choix entre ces deux moyens, mais ne peut en exercer qu'un.) [9]
- une pénale, l'action *furti*
  - donnée
    - au quadruple en cas de vol manifeste,
    - au double en cas de vol non manifeste ;
  - calculée d'après la valeur relative de l'objet volé ; [10]
  - appartient à la personne directement lésée par le délit (2) ; [11]
  - donnée
    - contre le voleur,
    - contre les complices
      - par aide donnée sciemment,
      - par recel.

commis par un esclave, un fils ou un époux, produit toutes les conséquences du vol, sauf la responsabilité pénale de l'auteur principal — le conjoint victime d'une soustraction a de plus la *condictio rerum amotarum*. [12]

—————

(1) Le droit romain n'exige pas chez le délinquant l'intention de nuire.
(2) Par exemple, au créancier gagiste, au possesseur de bonne foi voulant usucaper, etc. [13]

NOTES EXPLICATIVES.

Des biens enlevés par violence.

1. Cette action est étendue par l'édit au *damnum datum dolo malo, hominibus coactis;* c'est, dans ce cas, un renforcement de l'action *damni injuriæ* lorsque le préjudice est accompagné de violence.

2. Des constitutions postérieures ont cependant appliqué l'action *bonorum vi raptorum* à l'occupation violente des immeubles.

3. Le texte sur lequel est basé cette doctrine donne la même interprétation au sujet de l'action *furti*, à l'égard de laquelle c'est erroné ; aussi le doute est-il possible sur ce point. **Controv.**

4. La loi *Julia* y est applicable. — Cette loi statue sur deux points : *vis privata*, ou violence sans armes; *vis publica*, ou violence avec armes. Si le propriétaire l'exerce, l'action *bonorum vi raptorum* reste ouverte aux tiers lésés.

De la loi Aquilia.

5. La loi *Aquilia* est un plébiscite; le délit qu'elle crée se nomme *damnum injuria datum* ou *damnum injuriæ;* le dol n'y est pas nécessaire et, si l'on excepte le meurtre d'un esclave, puni par la loi *Cornelia de sicariis*, les faits qu'elle prévoit ne sont pas réprimés par une action criminelle.

Une négligence ne peut servir de base à la responsabilité aquilienne; il faut un acte; cet acte, inoffensif en lui-même, peut servir de base au délit s'il est suivi d'une négligence.

6. On y comprend les chameaux, les éléphants, les races ovine, caprine et porcine, et les animaux rentrant dans les *res mancipi*.

En cas de blessures mortelles, on applique, suivant l'issue, le premier ou le troisième chef.

7. *Non ex verbis legis, sed ex interpretatione.*

8. Une décision de Constantin ordonnait que celui qui avait envahi le champ d'autrui et succombait dans l'action *finium regundorum*, devait perdre une portion de terrain égale à celle qu'il avait envahie.

Des obligations qui naissent d'un délit (Suite).

Des biens enlevés par violence (Titre 2).

L'action *bonorum vi raptorum*

est une action privée donnée à la victime du délit de vol commis avec violence et intention criminelle. [1]

comme l'action *furti*
- n'est applicable qu'au vol de choses mobilières ; [2]
- appartient à celui qui est directement intéressé à la conservation de la chose (gagiste, locataire, etc.) ;
- ne se donne pas contre les héritiers du coupable qui ne sont tenus de rendre que ce dont ils ont bénéficié par suite du délit.

contrairement à l'action *furti*
- est d'institution prétorienne ;
- est à la fois pénale et persécutoire de la chose ;
- se donne toujours au quadruple ;
- une fois exercée s'oppose à l'usage de toute autre action, soit civile, soit pénale (1) ;
- se calcule d'après la valeur intrinsèque de la chose, quel que soit le préjudice souffert ; [3]
- ne dure qu'un an ; au delà elle est donnée au simple.

n'est pas donnée, faute d'intention frauduleuse, contre celui qui ravit sa propre chose, ou celle qu'il croit lui appartenir ;

est remplacée dans ce cas (2)
- par la perte du droit de propriété, s'il le possédait;
- par une indemnité égale à la valeur de la chose, si l'auteur de la violence se croyait à tort propriétaire. [4]

peut être remplacée par une action criminelle tirée de la loi *Julia*, sur la violence.

De la loi Aquilia (Titre 3).

La loi *Aquilia* a pour objet la réparation du dommage causé sans droit et par suite d'une faute quelconque (3). Elle comprend trois chefs : [5]

1er chef : meurtre

- d'un esclave,
- d'un quadrupède vivant en troupeau, [6]

commis
- sans droit { hors le cas de légitime défense et par un autre que par le propriétaire ;
- par suite d'une faute ou d'un dol. — Il n'est tenu aucun compte du degré de la faute, mais la simple négligence ou omission n'engendre pas la responsabilité aquilienne qui ne peut naître que d'un acte.

entraîne condamnation à payer la plus haute valeur que l'esclave ou le quadrupède aient eue dans l'année, en tenant compte de tout le préjudice causé au maître (4). [7]

(Les enfants et les fous, considérés comme irresponsables, échappent à la loi *Aquilia*, ainsi que les héritiers du délinquant (4).)

d'un esclave peut être réprimé, en outre, par la voie criminelle en vertu de la loi *Cornelia de sicariis*.

(1) La partie lésée qui a exercé l'action *furti* peut obtenir une fois de plus la valeur de la chose à titre de remboursement, ou réclamer par l'action *bonorum vi raptorum* le complément du quadruple.
(2) Constitution de Théodose, Arcadius et Valentinien [8].
(3) Comp — Art. 1382 et s. du Code civil.
(4) Ces dispositions donnent à la loi *Aquilia* un caractère pénal.

NOTES EXPLICATIVES.

De la loi Aquilia (Suite).

1. Ce chef n'avait d'autre intérêt que la possibilité d'une condamnation double en cas de dénégation; autrement, le mandat produit les mêmes effets.

2. S'il y a des rapports contractuels entre le maître et le délinquant, le créancier a le choix entre l'action du contrat et celle de la loi *Aquilia*, mais il ne peut les exercer toutes deux.

3. Le dommage est considéré comme causé *corpore*, bien qu'on se soit servi d'un instrument. Dans le cas de l'action *in factum*, le recours ne dépasse jamais le dommage.

Si le maître est débiteur de la chose avec obligation de *præstare custodiam*, il a la loi *Aquilia* ; sinon, il n'a droit à rien, puisqu'il est libéré.

Des injures.

4. L'offense résulte, en outre, d'écrits diffamatoires ou d'actions entraînant la violation d'un droit.

5. Elle rejaillit encore sur le fiancé et le beau-père. L'action est accordée plutôt au propriétaire qu'à l'usufruitier, à moins qu'il ne soit prouvé que l'injure s'adressait à ce dernier.

L'action *injuriarum* n'est pas donnée à la personne qui a perdu son *existimatio*. L'allégation d'un fait vrai et délictueux n'est pas imputable à celui qui en prouve la réalité, parce que la divulgation de tels faits importe à tous (Paul).

Les actes d'un magistrat peuvent constituer une injure ; toutefois, s'il est d'ordre supérieur, la poursuite ne peut avoir lieu qu'après l'expiration de ses pouvoirs.

L'injure contre un mort n'est punie que si elle est calomnieuse.

Zénon autorise les personnes d'un rang supérieur à intenter par procureur une action criminelle pour injure.

6. Cette peine n'est pas représentative d'une valeur : le préjudice est réparé par l'action de la loi *Aquilia*.

Valentinien et Valens ont édicté la peine capitale contre l'auteur d'un libelle diffamatoire, voire même contre celui qui, l'ayant trouvé, ne le détruisait pas. Ces dispositions ont disparu sous Justinien.

Le talion ne fut jamais appliqué, grâce au droit de transaction consacré sur ce point par la loi des 12 Tables, même par simple pacte ; en outre, l'action, fût-elle intentée, n'aboutissait qu'à une condamnation pécuniaire.

7. Cependant, en cas d'injure grave, la peine était fixée par le magistrat.

---

8. Plus tard, le préteur accorde à l'esclave lui-même une action que le maître exerce dans les cas où il n'en aurait pas régulièrement (injure simple).

Des obligations qui naissent d'un délit (Suite).

De la loi Aquilia (Suite).

2e chef :
- relatif à l'adstipulateur ayant frauduleusement libéré le débiteur par acceptilation ;
- entraînant sa condamnation à la sômme dont il avait fait remise ;
- tombé en désuétude, sous Justinien, avec l'adstipulation. [1]

3e chef :
- blessures aux esclaves et animaux vivant en troupeaux ;
- meurtre ou blessures de tous autres animaux ;
- dommage causé aux choses inanimées ;
- entraînant condamnation à une somme égale à la plus haute valeur de la chose dans les trente jours qui précèdent le délit. [2]

Observations. — L'action de la loi *Aquilia*, d'abord donnée au propriétaire, a été dans la suite accordée utilement à tout individu directement intéressé (gagiste, etc.).

Cette action, applicable en principe au seul dommage direct causé *corpore et corpori*, a été étendue utilement au dommage indirect causé *corpori sed non corpore*, ou *non corpore neque corpori* (dans ce dernier cas, on a recours à une action *in factum*). [3]

Les condamnations prononcées en vertu de la loi *Aquilia* sont doublées toutes les fois que le défendeur a nié les faits imputés.

Des injures (TITRE 4).

L'injure

est une offense faite
- par paroles, gestes ou menaces, [4]
- avec la volonté d'outrager,
- à une personne qui s'en montre blessée ;

rejaillit sur tout individu ayant autorité sur la personne injuriée : de la femme sur le mari, du fils sur le père, de l'esclave sur le maître ; [5]

peut être intentée autant de fois qu'il y a de personnes outragées ;

est imputable non seulement à l'auteur, mais encore à l'instigateur de l'injure ;

est punie
- d'après la loi des Douze-Tables
  - d'une peine corporelle (talion) pour un membre rompu,
  - d'une peine pécuniaire dans les autres cas ; [6]
- d'après le droit prétorien, d'une peine pécuniaire fixée par la personne injuriée, sous le contrôle du juge ; [7]
- d'après la loi *Cornelia*, en cas de voies de fait, de coups et de violation de domicile, d'une indemnité arbitrée par le juge.

est de deux sortes :
- simple — dégagée de toute circonstance d'aggravation ;
- grave (*atrox*) (1) — aggravée à raison
  - de la nature de l'outrage,
  - du lieu du délit,
  - de la qualité de la personne.

peut être poursuivie par une action criminelle non cumulable avec l'action privée ;

ne peut plus être poursuivie
- après le pardon ;
- après un an (ce délai fait présumer l'oubli) ;
- après la mort du délinquant ou de la victime, à moins qu'il n'y ait eu *litis contestatio*.

---

(1) L'injure *atrox* rejaillit seule de l'esclave au maître et peut seule motiver l'action d'un affranchi contre son patron ou d'un fils émancipé contre son père. [8]

NOTES EXPLICATIVES.

Des obligations qui naissent comme d'un délit.

1. On nomme ainsi le fait du juge qui a statué contre l'équité, par ignorance ou par dol, mais sans commettre de délit formel, ou qui a excédé la formule avant la procédure extraordinaire. S'il statue par vénalité, il est passible du *crimen repetundarum*.

Bien que la sentence rendue en violation de la loi soit nulle de droit et que l'appel soit possible de toute autre, le perdant peut avoir intérêt à attaquer le juge si le gagnant est insolvable ou si les délais d'appel sont expirés ; de plus, il obtient du juge des dommages-intérêts qu'il n'obtiendrait pas de la partie.

2. S'il est connu, il tombe sous le coup de la loi *Aquilia*. S'il y a plusieurs habitants, tous sont tenus *in solidum* et libérés par un seul paiement.

3. L'action n'appartient qu'à celui qui a été appauvri par l'accident. Elle est *in factum* et prétorienne, comme toutes celles qui naissent comme d'un délit.

4. L'action est annale et populaire.

5. L'action, ouverte au blessé sans limitation de temps, devient, à sa mort, annale et populaire ; pourtant, elle ne lui survit que s'il est mort dans l'année.

6. Si l'objet a été suspendu ailleurs que sur la voie publique, on donne une action utile. — Ces actions sont ouvertes à tous.

Si le maître est *alieni juris*, le *pater familias* n'est pas responsable du quasi-délit lorsqu'il habite ailleurs.

7. Cette action ne se cumule pas avec celle qui est dirigée contre l'auteur du vol. L'*exercitor* est, en outre, tenu d'une action *in factum* pour restitution des objets déposés chez lui ; c'est une aggravation des charges du dépôt ou du louage.

Des obligations naturelles.

Elles rendent un paiement valable et la compensation possible par l'exception de dol ; elles peuvent servir de base à une *adstipulatio*, au gage, à l'hypothèque, à la fidéjussion, au constitut, à la novation, même faite par erreur ; elles peuvent même éteindre par novation une stipulation.

Elles résultent d'un défaut de forme (*nuda pacta*), d'un défaut de capacité (pupille non autorisé, esclave envers son maître et les tiers, fils de famille, femmes en tutelle, excepté le cas du sén. cons. Velléien). — Les actes de l'*infans* et du fou sont radicalement nuls et ne donnent pas naissance à une obligation naturelle. L'obligation naturelle du pupille ne produit d'effets qu'à sa puberté et, même à cette époque, elle n'est jamais une cause de compensation.

Les obligations naturelles s'éteignent par simple pacte et par serment extra-judiciaire.

Des obligations qui naissent comme d'un délit (Titre 5).

Le quasi-délit est un fait dommageable à autrui et illicite, mais non réprimé par une loi spéciale.

Exemples de quasi-délits :

Le juge a fait le procès sien : [1.]
- il est condamné à payer le montant du procès ;
- cette responsabilité n'atteint ni le père de famille, ni les héritiers.

Chose jetée sur un passant par un délinquant inconnu : [2.]
- à défaut de l'auteur du délit, le chef de la maison est responsable ;
- si un esclave ou une chose ont été endommagés, la condamnation est du double du dommage causé (action prétorienne, *in factum*) ; [3.]
- si un homme libre a été tué, la peine est de 50 écus d'or ; [4.]
- s'il a été blessé, la peine est déterminée par le juge. [5.]

Objets suspendus sur la voie publique, sans qu'il en soit résulté d'accident :
- ce fait était puni d'une amende de 10 sous d'or infligée au maître de l'appartement. [6.]

Vol commis dans un navire, une auberge ou une écurie : [7.]
- l'action *in factum* procurait une indemnité double à la partie lésée ;
- la responsabilité n'atteignait pas les héritiers.

Des actions (Titres 6 a 9).

On appelle action
- le droit de poursuivre par voie judiciaire le recouvrement de ce qui est dû ;
- le moyen de procédure à employer dans ce but.

Division historique de la procédure romaine
- les actions de la loi — instituées par le droit civil ;
- les actions formulaires — organisées par le préteur ;
- les jugements extraordinaires rendus par le magistrat seul
  - innovation introduite dans certains cas par le préteur ;
  - généralisée par Dioclétien et devenue la règle dans le dernier état du droit.

NOTES EXPLICATIVES.

Organisation judiciaire.

1. La dénomination de juge est prise dans le sens le plus large et s'applique à tous ceux qui, sous des qualifications diverses, en remplissent les fonctions.

2. M. Accarias, d'après Pomponius. Peut-être les tribuns de la plèbe ont-ils également joui dans certains cas de la *jurisdictio*.

3. La compétence est territoriale. *Actor sequitur forum rei : forum* signifie domicile, patrie, *origo* et Rome pour les citoyens. Toutefois les envoyés provinciaux ont le *jus revocandi domum*, ou droit de n'être poursuivis à Rome que pour les obligations qu'ils y ont contractées. *Forum rei* signifie encore le lieu du contrat ou de son exécution et le lieu du délit.

On nomme prorogation de compétence le droit qu'ont les parties de faire choix d'un juge incompétent *ratione loci*.

4. Les centumvirs, créés en 513, sont élus pour un an par les 35 tribus ; les plébéiens pouvaient sans doute en faire partie. Ce tribunal est divisé en quatre chambres qui, successivement consultées, rendent des décisions distinctes : en cas de partage, l'action est repoussée. L'action *sacramenti* y est seule usitée. Les centumvirs survécurent à la loi *Æbutia* et ne disparurent que sous Dioclétien, lors de la généralisation de la procédure extraordinaire.

5. La compétence des centumvirs n'est pas exclusive, excepté pour la *querela inofficiosi testamenti :* cette action leur reste seule à partir des lois *Juliæ* qui leur retirent la connaissance des questions d'état et de propriété ; sous l'empire, les questions d'état constituent des actions préjudicielles.

6. Le juge proposé par la partie pouvait être récusé sans cause, mais, en cas de refus obstiné, le plaideur s'exposait à être déclaré *indefensus*. Le préteur faisait un serment avant la nomination du juge, et celui-ci accomplissait la même formalité après sa nomination ; il était tenu de juger sauf excuse légitime ; pourtant, il avait droit de déclarer que la cause ne lui paraissait pas claire (*non liquet*).

7. On a recours à la désignation d'arbitres lorsqu'il y a lieu d'apprécier des obligations réciproques et dans les actions réelles. Peut-être s'agit-il ici des actions dites arbitraires. Ne pas confondre avec les arbitres *ex compromisso*, choisis par les parties et statuant en vertu d'un contrat.

8. D'après M. Accarias, ils ne pouvaient être pris en dehors de certaines listes officielles.

9. La *jurisdictio* peut être déléguée à un mandataire, sauf pour les actes dont les magistrats sont spécialement chargés par la loi. Le mandataire délégué par le magistrat ne peut sous-déléguer ses pouvoirs.

Elle est dite ordinaire, lorsqu'elle est bornée à la connaissance de la question de droit : cette distinction remonte très haut dans l'histoire judiciaire de Rome, car elle existait déjà sous la loi des 12 Tables et lors de la loi *Pinaria* (280 ou 322 A. U. C).

La *jurisdictio* est dite extraordinaire lorsqu'elle comporte tout à la fois la connaissance du fait et du droit.

Des actions (Suite).

Organisation judiciaire.

1° Actions de la loi et procédure formulaire.

Deux rouages { le magistrat, statuant sur le droit et organisant l'instance ; / le juge, statuant sur le fait et chargé de prononcer la sentence. [1]

Magistrats

— **actions de la loi** :
les rois,
les consuls ; leur compétence survit, en droit pur, mais non en fait, à la création de la charge de préteur ;
le collège des pontifes pendant la durée du tribunat militaire ; [2]
le préteur et les édiles, ces derniers en matière de voirie, de marchés, etc.

— **procédure formulaire** :

à Rome :
le préteur urbain (388 A. U. C.) entre citoyens ; [3]
le préteur pérégrin (507 A. U. C.) entre pérégrins, ou entre pérégrins et citoyens ;
les édiles en matière de voirie, de marchés, etc.;

en Italie :
les décemvirs ;
les préfets,
les consulaires,
les *juridici*,
les *correctores*,

en province :
les gouverneurs, proconsuls, *legati Cæsaris*,
les questeurs, ou les *procuratores Cæsaris* pour les questions réservées à Rome aux édiles.

Juges

— **actions de la loi** :

unus judex : agréé par les parties, / exclusivement choisi parmi les sénateurs ;

centum-virs : tribunal permanent composé de 105 juges, dont le nombre fut successiv. porté jusqu'à 180 ; [4]
compétents pour les questions { de succession, / de propriété quiritaire, / d'état. [5]

décemvirs, même compétence, disparus sous Auguste.

— **procédure formulaire** :

unus judex :
pris parmi { les sénateurs seuls à l'origine, / les chevaliers, loi *Aurelia*. 684.
cinq décuries de juges { 1re sénateurs, / 2° et 3° chevaliers, / 4° un cens déterminé (Accarias), / 5e créée par Caligula.
choisi par les parties ou imposé par le préteur. [6]

arbiter — sorte de juge à pouvoir plus étendu ; en général on en nommait simultanément trois. [7]

recupera-tores :
commissaires nommés pour chaque affaire en vertu de traités internationaux ;
choisis parmi les assistants du tribunal ; [8]
en province, ils doivent être de la nationalité des parties ;
procédure plus rapide créée pour les étrangers et introduite à Rome par le préteur pérégrin.

2° Procédure extraordinaire.

Juges :
l'empereur et le préfet du prétoire sans appel (*vice sacra*) ;
les *vicarii* ;
le préfet de la ville, le préteur, le gouverneur ;
le *defensor civitatis*, sorte de magistrats municipaux chargés dans les petites communes des affaires secondaires. — Justinien limite leur compétence à 300 sous d'or ;
les *judices pedanei*, magistrats inférieurs, sans doute créés par Dioclétien et investis de la même compétence que les précédents ; ils jugent par délégation et comme suppléants des magistrats.

Pouvoirs du magistrat Jurisdictio : [9]
jus edicendi — droit de rendre des édits ;
jus judicari jubendi — droit de renvoyer devant le juge ;
imperium mixtum — droit de donner certains ordres qui impliquent déclaration de droit et exécution de fait (envoi en possession) ;
legis actio — actes de juridiction gracieuse qui exigent le recours aux formes du *sacramentum* (*vindicta*, *in jure cessio*) ;
certaines attributions dévolues par des lois spéciales : *datio tutoris* — présidence du conseil chargé d'approuver les justes causes d'affranchissement.

NOTES EXPLICATIVES.

Actions de la loi.

1. Elles comportaient une formule spéciale pour chaque cas, et reposaient sur l'obligation de prononcer les paroles solennelles; d'où la maxime : *nemo alieno nomine lege agere potest*. Elles ne pouvaient être exercées que les jours fastes dont l'incidence demeura inconnue jusqu'à la divulgation des fastes (*jus flavianum*). Elles doivent être commencées avant midi et terminées avant le coucher du soleil.

2. S'il s'agit d'un immeuble, on en apportait un morceau et on effectuait d'abord réellement, plus tard fictivement, un transport sur les lieux pour y engager le combat simulé devant des témoins nommés *superstites*. (voir les formules page 97).

3. Le montant du *sacramentum* était de 50 ou de 500 as, suivant que l'intérêt engagé était inférieur ou supérieur à 1000 as; s'il s'agit d'un procès touchant la liberté, le taux est toujours de 50 as.

4. Telle est l'origine de l'envoi en possession, grâce auquel le préteur a réalisé la plupart de ses réformes.

5. Ce délai remonte à la loi *Pinaria* (280 ou 322 A. U. C.).

6. Il y a lieu au *vadimonium* toutes les fois que les plaideurs se séparent avant que l'affaire ne soit entièrement terminée.

. Cette dernière formalité a donné son nom à la *litis contestatio*.

8. Cette sentence qui ne comporte qu'une solution absolue, dans un sens comme dans l'autre, est l'origine de la *plus petitio*.

9. C'est le *sacramentum* dégagé de toute la procédure préalable et sacramentelle.

10. Les patriciens abandonnaient le *sacramentum*, dont le maintien présentait moins d'intérêt pour eux depuis la divulgation des fastes.

11. Sous le système des actions de la loi, la condamnation réelle, c'est-à-dire tendant à l'obtention de la chose, était exécutée au besoin par la force publique.

12. Contre le *fænerator* (loi *Marcia*), contre celui qui a touché un legs de plus de 1000 as (loi *Furia*), au *sponsor* ayant payé au delà de sa part, ou recourant contre le débiteur principal (lois *Furia* et *Publilia*) et sans doute dans tous les cas où la dénégation entraîne une condamnation au double.

13. L'*addictus* est en la puissance du créancier qui, après 60 jours d'une dure captivité et trois exhibitions publiques à des jours de marchés, avait le droit de le vendre ou même de le tuer : la conséquence indirecte de l'*addictio* était donc l'esclavage.

Des actions (Suite).

Actions de la loi.

Les actions de la loi

sont d'origine sacerdotale et patricienne ;
consistent dans une procédure symbolique et sacramentelle ; [1]
comprennent des actions proprement dites et des voies d'exécution,

disparaissent comme suit :

la loi *Œbutia* (577 ou 583 A. U. C.) supprime les actions de la loi, sauf la *pignoris capio* et le *sacramentum*, intenté devant les centumvirs (état, propriété, succession).
les lois *Juliæ* abrogent la *pignoris capio* et ne laissent aux centumvirs que la connaissance de la *querela*.
Dioclétien fait disparaître les derniers vestiges du *sacramentum* avec les centumvirs. Les *legis actiones* ne survivent plus que pour certains actes gracieux, tels que l'*in jure cessio* et la vindicte.

1° Actions proprement dites.

Sacramentum

formes de l'action réelle

1° *In jure* :
In jus vocatio — Appel en justice, fût-ce avec recours à la violence ;
affirmation réciproque du droit des parties ;
manuum consertio, combat fictif ; [2]
ordre du préteur de cesser le combat ;
interpellation par le demandeur et réponse
provocation au *sacramentum* ; [3]
vindiciæ ou attribution arbitraire par le magistrat de la possession provisoire avec ses conséquences ; [4]
prœdes litis et vindiciarum — Cautions échangées pour garantir les conséquences des *vindiciæ* ;
renvoi à 30 jours pour la nomination du juge ; [5]
échange de *vades* ou *vadimonium*, cautions qui garantissent la comparution des plaideurs ; [6]
judicis addictio ou choix du juge ;
comperendinatio ou renvoi à 3 jours pour paraître devant le juge ;
attestation des témoins — *Vos testes estote.* [7]

2° *In judicio* :
Le juge écoute les plaidoiries et l'exposé de la cause — *causæ collectio* ;
il déclare de quel côté le *sacramentum* est *justum* et prononce la condamnation du perdant ; [8]
il procède à la *litis æstimatio* qui entraîne une condamnation tendant à la chose elle-même.

forme de l'action personnelle

elle est inconnue, mais analogue aux précédentes ;
elle entraîne une condamnation pécuniaire.

Judicis postulatio

première atteinte portée au *sacramentum* ;
applicable aux actions de bonne foi qui sont ainsi distraites du *sacramentum* ;
entraînant une seule comparution *in jure* ; [9]
le perdant n'encourt aucune peine.

Condictio

deuxième démembrement du *sacramentum* ; [10]

applicable aux obligations certaines { de sommes d'argent (loi *Silia*, 510), de corps certains (loi *Calpurnia*, 520) ;

formes

sommation faite *in jure* et assignation à 30 jours ;
deuxième comparution *in jure* et *addictio judicis*,
sans doute une *sponsio pœnalis tertiæ partis* en cas de somme d'argent.

2° Voies d'exécution.

Manus injectio

s'attaquant à la personne du débiteur ;

judicati { ouverte contre le débiteur *confessus in jure* ou condamné à une somme d'argent ; [11] après un délai de 30 jours à dater de la première sentence ;

pro judicato — accordée dans certains cas comme s'il y avait eu jugement ; [12]

conséquences { si le débiteur trouve un *vindex*, ce dernier le libère, prend sa place au procès, et, s'il succombe, est condamné au double ; si personne ne prend[fait] et cause pour le débiteur, il est *addictus.* [13]

Pignoris capio

Prise de possession d'une chose avec accompagnement de paroles solennelles ;
basée sur un intérêt public ;

ouverte { aux militaires, pour le recouvrement de leur solde et du fourrage de leurs chevaux ; aux prêtres, contre le vendeur d'une victime destinée aux sacrifices ; aux publicains, pour la perception des impôts (*Lex Censoria*).

NOTES EXPLICATIVES.

Procédure formulaire.

1. Les magistrats supérieurs, les fous, les ascendants, les patrons, ne peuvent être appelés en justice sans l'autorisation préalable du préteur à peine d'une amende de 50 sous d'or (voir les formules page 97).

2. Dans ce cas, le demandeur a une action *confessoria*, autre que celle qui est donnée en matière de servitude.

3. La formule est obligatoire et définitive dès qu'elle a été acceptée par les parties ; toutefois, en cas de désaccord, le préteur peut imposer la rédaction qu'il juge convenable, et le défendeur qui refuse de se soumettre à cette décision est considéré comme *indefensus* (défaillant) ; comme tel, il est exposé à la *missio in possessionem* et même à la *venditio bonorum ;* cette dernière conséquence est épargnée à l'incapable et à l'absent *reipublicæ causa*, tenus autrement que comme héritiers. Le préteur peut également autoriser une vente partielle.

4. Les effets de la sentence sont analogues à ceux de la *litis contestatio :* elle fixe la quotité de la créance du demandeur et lui ouvre un droit à l'exécution nonobstant l'offre d'une satisfaction complète.

5. On peut remonter de degré en degré jusqu'au préfet du prétoire ou à l'empereur ; mais ces deux derniers statuant en dernier ressort (*vice sacra*), on ne peut saisir que l'un ou l'autre.

6. Cette voie de coercition est abandonnée en pratique et remplie par la *bonorum venditio ; l'addictio* est impossible lorsqu'il y a eu cession de biens.

7. La *bonorum venditio* débute par un envoi en possession accordé au profit de la masse des créanciers, qui se trouvent protégés par l'interdit : *ne vis fiat ei qui in possessionem missus erit.* Elle entraîne la libération des dettes : toutefois le débiteur reste exposé à un nouvel envoi en possession s'il acquiert de nouveaux biens et sous la seule réserve de ce qui est nécessaire à son existence. Il encourt en outre l'infamie, à moins qu'il n'ait fait cession de biens.

8. La vente a lieu par l'intermédiaire d'officiers publics ; le créancier peut garder la chose en paiement, avec l'autorisation du magistrat.

Des actions (Suite).

Procédure formulaire.

Système
- introduit grâce à l'influence du préteur pérégrin ;
- généralisé par la loi *Œbutia* (577 ou 583) ;
- consistant dans le remplacement des formes sacramentelles et symboliques des actions de la loi par une formule diversement rédigée suivant les cas et rappelant les phases du *sacramentum ;*
- abrogé par Dioclétien.

Phases successives de la procédure formulaire :

I
L'instance est engagée de trois manières

par *in jus vocatio*
- consistant au début, comme sous la loi des Douze-Tables, en un appel suivi de violences exercées devant témoins ;
- possible seulement les jours judiciaires ; [1.]

par *vadimonium*, sorte de caution suppléant à l'*in jus vocatio*, égale au coût du procès dans l'action d'injure et à la moitié dans les autres cas.

litis denuntiatio
- création de Marc-Aurèle et origine de l'assignation moderne ;
- consistant dans une notification du procès sans caution ;
- contenant l'exposé sommaire des prétentions du demandeur ;
- applicable entre absents ;
- remplaçant l'*in jus vocatio*.

II
Devant le magistrat

actionis editio
- le demandeur indique la formule dont il réclame la délivrance ;
- les parties discutent, sous la direction du magistrat, la rédaction de la formule ;
- en cas d'interruption, on échange de nouveau un *vadimonium*.

le préteur
- refuse l'action
  - avec stipulation pénale et parfois caution ;
  - en cas d'aveu ou de serment ; [2.]
  - en cas d'offres de paiement ;
  - si aucune action n'est ouverte ;
  - si le droit est paralysé par une exception perpétuelle reposant sur un fait non contesté.
- délivre la formule si l'applicabilité de l'action est établie : [3.] c'est au moment de cette délivrance, qui clôt la procédure *in jure*, que se place la désignation du juge et la *litis contestatio*.

III
Devant le juge
- les parties se présentent au jour fixé et exposent leurs prétentions ;
- on discute successivement chacune des parties de la formule ;
- la sentence est prononcée, sauf le cas de péremption ou d'abandon ; [4.]

le *judicium* est
- *legitimum*, s'il a lieu à Rome ou à un mille de Rome, entre citoyens romains et devant l'*unus judex* ;
- *imperio continens* dans tous les autres cas.

IV
Voies de recours

revocatio in duplum
- action en nullité dirigée contre le jugement ;
- ouverte pendant 10 et 20 ans, mais refusée au *contumax* ;
- entraînant condamnation double.

intercessio, intervention d'un magistrat de même ordre qui paralyse l'exécution d'une sentence et la remet en question.

restitutio in integrum accordée
- aux mineurs de 25 ans dans certains cas ;
- si on établit la fausseté des pièces ou des témoignages produits ;
- en cas de découverte d'une exception qu'on n'a pu faire insérer dans la formule.

appel
- introduit par Auguste avec un délai de 2 ou 3 jours ;
- porté devant le magistrat supérieur ; [5.]
- entraînant
  - suspension d'exécution et dévolution de la cause ;
  - peine du tiers au plus, encourue par l'appelant qui succombe.

V
Exécution du jugement
- le condamné, qui avait 30 jours pour exécuter la sentence sous les actions de la loi, a deux mois dans la procédure formulaire ;
- après ce délai, le condamné est passible de l'action *judicati* ; il y est frappé d'une peine double s'il a nié la sentence, et simple s'il n'en a contesté que la validité ;

la condamnation entraîne
- *addictio judicati*, comme dans l'ancien droit ; [6.]
- *bonorum venditio* accordée *de plano* ; [7.]
- *distractio bonorum*, vente partielle faite par un curateur et n'entraînant pas infamie ; c'est une faveur accordée aux débiteurs illustres ;
- *pignus ex causa judicati captum*, sorte de droit de gage créé par Antonin le pieux, et consistant dans la saisie et la vente d'une créance, d'un meuble, ou d'un immeuble. [8.]

NOTES EXPLICATIVES.

Procédure formulaire (*Suite*).

1. Si le juge ne peut remplir sa mission, il y a lieu à une *translatio judicii;* il en est de même s'il survient un changement dans la situation des parties (décès, héritiers, etc.) ; mais la formule conserve ses premiers effets et, notamment, n'entraîne pas l'infamie si la qualité des premiers plaideurs leur permettait d'échapper à cette conséquence.

2. L'extinction a lieu *ipso jure* si l'action est personnelle, la formule *in jus*, et le *judicium legitimum;* sinon, par l'exception *rei in judicium deductæ* : Une obligation naturelle survit lorsqu'elle peut être alléguée sans méconnaître la sentence du juge.

La *litis contestatio* produit des effets analogues à ceux de la novation, mais qui en diffèrent en ce que, dans la *litis contestatio*, il y a changement d'objet, maintien des obligations accessoires, du cours des intérêts et des effets de la demeure, et en ce que l'extinction du droit primitif y précède et y cause la naissance de l'obligation nouvelle : tous ces effets sont inverses dans la novation.

3. L'absent est appelé par un ou trois ordres du magistrat à dix jours d'intervalle : après ce délai on passe outre et la décision intervenue est sans appel.

4. Sont rédigées *in jus* la plupart des actions civiles et certaines actions prétoriennes ayant pour but d'étendre le droit civil ; sont conçues *in factum* la plupart des actions prétoriennes, par exemple les actions utiles accordées au fils de famille pour éviter à son père l'infamie résultant de l'action de dol.

Quelques contrats ont simultanément une formule *in jus* et une autre *in factum* : Gaius cite, à titre d'exemple, le dépôt et le commodat ; il y a là un point douteux et inexpliqué.

Ne pas confondre avec les actions *in factum* l'action *in factum præscriptis verbis*, laquelle est rédigée *in jus*. (Voir ci-dessus, page 48.)

5. En général, l'*intentio* est réelle ou personnelle suivant la nature du droit; cependant il y a des exceptions (actions négatoire et *quod metus causa*). — L'*intentio* est *certa* ou *incerta ;* en principe, elle est certaine dans les actions réelles, pourtant elle peut être *incertæ partis*.

6. Sous la procédure formulaire, le défendeur seul peut être condamné et sa condamnation est exclusivement pécuniaire par suite de la *litis contestatio* qui transforme le droit primitif en créance : cette imperfection explique la persistance du *sacramentum* qui tendait directement à l'objet; mais elle a été corrigée par l'emploi de la formule pétitoire. (Voir page 74, note 2.)

La *condemnatio* est *certa, incerta cum taxatione* ou *incerta sine taxatione* : dans ce dernier cas, elle est du *quanti ea res erit* ou *quod interest*, expressions le plus souvent équivalentes.

7. La nécessité de n'adjuger qu'au demandeur seul nécessitait la délivrance de plusieurs formules et l'attribution à chaque partie d'un double rôle ; d'où peut-être la dénomination d'actions mixtes.

8. On les appelait ainsi parce qu'elles devaient être insérées dans la formule avant la *condemnatio; c*'est là l'origine étymologique du mot prescription.

9. La *minus petitio* paralysait l'action du demandeur pendant un an pour le surplus; cette entrave a été supprimée par l'empereur Zénon.

L'erreur par laquelle un demandeur réclame *aliud pro alio* ne l'empêche pas d'intenter immédiatement un nouveau procès.

10. Si le débiteur, de mauvaise foi, s'éloigne du lieu du paiement, le préteur délivre contre lui l'action *de eo quod certo loco dari oportet.*

Des *actions* (Suite).

Procédure formulaire (*Suite*).

Litis contestatio.

Effets

1° elle fixe les éléments du *judicium* et rend la formule invariable quant au fond du droit ; [1]

2° elle éteint le droit antérieur ou droit à l'action, et lui substitue un droit nouveau, le droit à condamnation ; [2]

3° elle détermine l'époque où le juge doit envisager la cause : toutefois on avait admis, après controverse, que le fait pourrait être modifié jusqu'à la sentence (restitution), et que, dans les actions de bonne foi, l'intérêt devait s'apprécier au jour de la sentence ;

4° le défaut d'une des parties n'arrête plus le cours du procès. [3] Elle fait passer sur la tête des héritiers les actions dites intransmissibles (actions d'injures, *querela*, révocation de donation, etc.).

Etude détaillée de la formule.

La formule

est rédigée de deux manières

in jus, lorsqu'elle est basée sur un droit sanctionné par la législation civile. L'*intentio* comporte : *ex jure Quiritium*, pour les actions réelles, et : *opportere*, pour les actions personnelles ;

in factum, lorsqu'elle n'est basée que sur un fait : elle a la forme : *si paret*, et entraîne *plus petitio*. [4]

comprend quatre parties principales

demonstratio — exposé des circonstances de l'affaire — elle ne se rencontre pas dans les actions *in factum, in rem*, ni dans les *condictiones certæ pecuniæ* ;

intentio — énoncé de la prétention du demandeur — elle se rencontre dans toutes les actions ; elle est *in rem* lorsqu'elle est rédigée sans acception de personne et *in personam* lorsqu'elle indique un débiteur ; [5]

condemnatio — ordre au juge de condamner ou d'absoudre — elle n'existe pas dans les actions préjudicielles — elle contient le nom des deux parties et termine la formule ; [6]

adjudicatio — ordre au juge d'attribuer la propriété — elle ne se rencontre que dans les trois actions mixtes : *familiæ erciscundæ, communi dividundo, finium regundorum*. [7]

peut recevoir des parties accessoires

præscriptiones

a parte actoris, sortes de réserves tendant à limiter la portée de la *litis contestatio* et du jugement ;

a parte rei, sortes de moyens de défense ou de réserves ; [8]

exceptiones — moyens de défense tendant à paralyser ou à restreindre l'action du demandeur ;

répliques et dupliques — mêmes défenses opposées successivement.

La *plus petitio*

a pour effet d'entraîner la perte totale du procès, sous les actions de la loi et dans le droit formulaire ;

ne peut exister que si l'*intentio* est *certa* et l'action de droit strict ; — l'absence d'une de ces conditions empêche la déchéance ;

disparaît au Bas-Empire par suite des pouvoirs plus larges qui appartiennent au juge de la procédure extraordinaire ; [9]

a lieu *re, tempore, causa, loco*. [10]

NOTES EXPLICATIVES.

Procédure extraordinaire.

1. Sous la procédure formulaire, un certain nombre d'affaires étaient déjà retenues par le préteur sous la forme de *cognitio extraordinaria :* c'étaient d'abord certains jugements criminels appelés *quæstiones perpetuæ ;* c'étaient, en outre, les procès qui avaient trait à des matières qui, aux yeux des Romains, ne pouvaient faire l'objet d'un contrat, par exemple les soins d'un médecin, les leçons d'un maître, etc. (Voir ci-dessus, page 46.) La *persecutio extra ordinem* était encore facultative pour le magistrat dans certaines affaires concernant les impubères.

2. Cette signification constitue la *conventio.* En cas de contumace, trois sommations sont faites six mois après la péremption de l'instance.

La *litis contestatio* perd tout effet extinctif; il s'ensuit que l'exception *rei in judicium deductæ* est désormais inutile et qu'il est possible de poursuivre un cofidéjusseur après qu'une action a été intentée contre l'autre, ou de recommencer une instance périmée. La *litis contestatio* se place après l'exposition de l'affaire et avant les plaidoiries : elle fait obstacle à la cession d'actions et rend inaliénable l'objet litigieux sous peine d'une condamnation pécuniaire. Enfin elle ne limite plus les moyens de défense qui peuvent être invoqués. En revanche, c'est au moment de la *conventio* que le juge doit se reporter pour apprécier le droit.

3. Sous l'empire du système formulaire, il était de principe que tous les jugements pouvaient être absolutoires, en ce sens que cette solution était toujours possible, puisqu'elle résultait des termes mêmes de la formule : sous la procédure extraordinaire, l'un des deux plaideurs est toujours forcément condamné à quelque chose, ne fût-ce qu'aux frais.

4. Ce moyen de recours constitue une voie de rétractation, puisque le préfet du prétoire juge *vice sacra :* la *supplicatio* n'est possible qu'une fois et elle n'a point d'effet suspensif, à moins qu'elle ne soit intentée dans les dix jours et que le gagnant ne puisse fournir une caution.

5. Pour échapper à cet emprisonnement, le débiteur malheureux et de bonne foi peut faire cession de biens; toutefois, comme la *bonorum cessio* porte atteinte à l'*existimatio,* les créanciers peuvent, s'ils le jugent convenable, accorder à leur débiteur, à la majorité des intérêts calculée d'après le chiffre de leurs créances, un délai de cinq années qui constitue une sorte de concordat.

6. La vente est différée pendant deux ans, pour permettre aux créanciers qui n'ont pas obtenu jugement, de demander leur part du produit : le délai est porté à quatre années si le débiteur est domicilié en province. Le surplus, s'il y en a, est versé au trésorier de l'église.

Si aucun acheteur ne se présente, les créanciers peuvent se partager la chose en nature.

Des actions (Suite).

Procédure extraordinaire.

La procédure extraordinaire (*persecutio extra ordinem* ou *cognitio extraordinaria*) généralisée par une constitution de Dioclétien, en 294, consiste dans la suppression de la distinction du *jus* et du *judicium*. Cette constitution ordonne aux magistrats de trancher le litige sans renvoyer devant le juge : le magistrat peut abandonner aux juges pédanés les affaires de moindre importance et trop nombreuses ; il doit garder par devers lui ce qui faisait déjà l'objet d'une *cognitio extraordinaria*. [1]

Phases successives de la procédure extraordinaire :

I
L'instance est engagée de trois manières
- *litis denuntiatio* — effectuée comme d'après le rescrit de Marc-Aurèle ; toutefois, Constantin exige l'intervention d'un officier public ;
- *rescripti editio* — rescrit impérial ordonnant le renvoi de l'affaire ;
- *libellus conventionis* — requête adressée au magistrat et signifiée par un *executor litium*. [2]

II
Devant le magistrat
- le magistrat est à la fois juge du fait et du droit ;
- le demandeur peut être condamné aussi bien que le défendeur, et le perdant, quel qu'il soit, est toujours condamné aux frais ; [3]
- la condamnation peut être incertaine, en ce sens que le juge a la faculté de renvoyer les parties devant un arbitre pour la détermination de la quotité du dommage ;
- la sentence n'éteint plus le droit que *exceptionis ope*.

III
Voies de recours
- la *revocatio in duplum* et l'*intercessio* ont disparu ;
- l'appel ne peut être interjeté qu'une seule fois : le délai est de dix jours et on peut opposer devant le juge d'appel tous moyens de défense ;
- la *supplicatio* est ouverte contre les jugements du préfet du prétoire. [4]

Exécution du jugement

contre la personne
- la *manus injectio* a disparu et n'est point remplacée ;
- le *carcer privatus* est interdit dans une constitution de Zénon généralisée par Justinien : à ce mode de détention on substitue l'incarcération dans une prison publique. [5]

contre les biens
- la *venditio bonorum* n'est plus en usage ;
- la *distractio bonorum* est généralisée au profit de tous les débiteurs ; [6]
- le *pignus ex causa judicati captum* ne peut plus être appliqué aux objets mobiliers qu'accessoirement à la saisie du fonds auquel ils sont rattachés.

NOTES EXPLICATIVES.

Diverses classifications des actions.

1. Cette division laisse en dehors les *præjudicia* que Justinien déclare analogues aux actions *in rem*, sans doute parce qu'une question d'état peut être intentée contre toute personne : il existe aussi, en outre, des actions criminelles dites populaires, et qui constituent un groupe spécial, parce qu'elles ne sont dans le patrimoine de personne en particulier.

2. Les actions réelles sont toujours arbitraires et ne comportent pas de *demonstratio*. Gaius les appelle *vindicationes*. — D'après Gaius, l'action réelle s'exerce de trois manières :

1° *per sacramentum* : cette forme, dont l'emploi a été successivement restreint, ne s'applique plus en dernier lieu qu'à la *petitio hereditatis* et à la *querela*; elle n'est obligatoire que dans cette dernière. La loi *Creperia* a fixé à 125 sesterces la taxe du *sacramentum*, quelle que soit la valeur du litige.

2° *per sponsionem* : imitation du *sacramentum*, consistant dans une promesse de 25 écus soumise au juge, et qui n'a d'autre but que de lui permettre de statuer indirectement sur le droit. Le défendeur reste en possession de la chose, à charge de donner caution *pro præde litis et vindiciarum;* le procès aboutit à une *litis estimatio.*

3° *per formulam petitoriam ;* elle tend directement à la preuve du droit et contient la clause *nisi restituat*, qui subordonne la condamnation du défendeur à son refus de restituer. Cette formule, qui avait pour but de remédier à l'inconvénient du système formulaire, à savoir le caractère exclusivement pécuniaire de la condamnation, a seule survécu jusqu'à la généralisation de la procédure extraordinaire.

3. La *causa liberalis* constitue également une action préjudicielle.

4. Elles sont *in factum*, fictices ou indirectes.

5. L'action *familiæ erciscundæ* utile est accordée à l'adrogé impubère pour la réclamation de la quarte Antonine.

6. Le juge n'y prononce d'*adjudicatio* que dans le cas d'empiétement d'un voisin sur l'autre; s'il n'y a pas lieu à rectification de limite, il n'est fait aucune attribution de propriété nouvelle.

Ces trois actions sont appelées mixtes, soit parce que la formule employée était réelle dans l'*intentio* et personnelle dans l'*adjudicatio*, soit parce que le juge y statuait simultanément sur une question d'obligation personnelle et sur une question de propriété.

7. L'origine du mot *condictio* remonte à l'action de la loi qui portait ce nom : avec le temps, il a été employé successivement pour désigner certaines actions personnelles, puis enfin est devenu le synonyme d'action de droit strict.

8. Dans les actions de bonne foi, le juge a le pouvoir de tenir compte des faits survenus postérieurement à la *litis contestatio* et de compenser l'une par l'autre les obligations réciproques qui peuvent exister entre le demandeur et le défendeur.

9. Les actions noxales ne sont pas, à proprement parler, des actions arbitraires ; il y a, non pas *arbitrium* et *jussus judicis*, mais *facultas solutionis.*

10. Les actions indirectes ne constituent qu'une modification spéciale des actions ordinaires qui a pour but de faire remonter au père ou au maître la responsabilité d'actes dont ils bénéficieraient le cas échéant.

11. Cette division est basée sur la quotité de la condamnation : certaines actions au simple comportent une majoration consistant soit en ce que l'estimation de la valeur est faite par le demandeur lui-même (actions réelles), siot en ce que la valeur attribuée à la chose est calculée d'après un *maximum* (action *damni injuriæ*).

Des actions (Suite).

Diverses classifications des actions.

Première division [1].

actions réelles [2].
- civiles : *rei vindicatio*, *petitio hereditatis*, action confessoire, action négatoire, *causa liberalis* ; [3].
- prétoriennes : action publicienne, action rescisoire de l'usucapion, action paulienne, action servienne et quasi-servienne ou hypothécaire.

actions personnelles
- civiles : cette classe comprend presque toutes les actions résultant des contrats, des délits et des quasi-contrats ;
- prétoriennes : action *constitutæ pecuniæ*, action *de jurejurando*, actions dites indirectes (*quod jussu*, exercitoires, institoires, tributoires, *de peculio*, *de in rem verso*). [4].

actions mixtes
- *communi dividundo*, tendant au partage d'une chose indivise entre copropriétaires ou entre associés ;
- *familiæ erciscundæ*, tendant au partage d'une succession entre cohéritiers ; [5].
- *finium regundorum*, délimitation judiciaire d'héritages entre propriétaires voisins. [6].

Deuxième division

- actions persécutoires de la chose — tendant à la conservation ou au recouvrement d'une portion du patrimoine, et ne faisant obtenir qu'une fois la valeur de la chose (actions *in rem*, actions *in personam* nées des contrats) ;
- actions persécutoires de la peine — aboutissant à une condamnation pécuniaire ayant un caractère pénal, et pouvant faire obtenir autant d'indemnités qu'il y a de délinquants (actions *furti*, *de albo corrupto*, etc.) ;
- actions mixtes (persécutoires de la chose et de la peine) — tendant simultanément à assurer l'intégrité du patrimoine et à obtenir une indemnité à titre de peine (actions *bonorum vi raptorum*, de la loi *Aquilia*, etc.).

Troisième division

- actions de droit strict, dans lesquelles le juge était étroitement circonscrit par la formule (on les nomme *condictiones* ; [7]. la plupart résultent de contrats unilatéraux : *condictio certi*, *actio ex stipulatu*, *condictio indebiti*, etc.) ;
- actions de bonne foi, dans lesquelles le juge tranchait le différend d'après l'équité ; elles résultent de contrats synallagmatiques (actions *rei uxoriæ*, *fiduciæ*, *tutelæ*, *pro socio*, *mandati*, etc.; et les actions *familiæ erciscundæ*, *communi dividundo* ainsi que l'action *præscriptis verbis*, lorsqu'elle est donnée en vue de l'*æstimatum*) ; [8].
- actions arbitraires, tendant à obtenir du défendeur certaines satisfactions à défaut desquelles est prononcée la condamnation : actions réelles (*formula petitoria*), action *ad exhibendum*, *quod metus causa*, *de dolo*, paulienne personnelle, *Faviana* et *Calvisiana*. [9].

Quatrième division

- actions directes — délivrées contre le débiteur lui-même ;
- actions indirectes — sont données par le droit prétorien au créancier du fils ou de l'esclave contre le père ou le maître en raison du lien de puissance qui les rattache (*quod jussu*, exercitoire, institoire, tributoire, *de peculio*, *de in rem verso*, actions noxales. [10].

Cinquième division

- actions directes — lorsque toutes les conditions prévues par la loi sont réunies ; elles expriment la pensée primitive du législateur ;
- actions utiles — extension de l'action directe aux cas où l'une des conditions légales fait défaut ; elles se réfèrent aux développements de la jurisprudence et sont soumises aux mêmes règles que l'action dont elles dérivent (action *furti* utile, *legis Aquiliæ* utile, etc.) ;
- actions fictices — dans la formule desquelles le préteur suppose accompli un fait qui ne l'est point et réciproquement (action Publicienne, rescisoire de l'usucapion).

Sixième division [11].

- actions au simple — actions nées des contrats ;
- actions au double — actions *furti nec manifesti*, *de albo corrupto*, *de rationibus distrahendis*, *de dolo*, etc.;
- actions au triple — actions *furti concepti*, *furti oblati*, *bonorum vi raptorum* ;
- actions au quadruple — *furti manifesti*, *quod metus causa*, etc.

Hors classification. — Actions préjudicielles, tendant à la constatation judiciaire d'un état ou d'un fait. — La formule consiste dans une *intentio* sous forme de question adressée au juge.

NOTES EXPLICATIVES.

Rei Vindicatio.

1. Constantin exige que le possesseur *alieno nomine* d'un immeuble désigne celui pour qui il possède et qui est réputé défaillant après un délai fixé par le magistrat.

Si le défendeur nie sa possession, le demandeur doit tout d'abord la prouver; si le défendeur est de mauvaise foi, la preuve de la possession qu'il avait niée entraîne, suivant certains auteurs, preuve de la propriété ; suivant une autre interprétation, elle permet au juge de transférer la possession au demandeur.

Le propriétaire peut être créancier de sa chose par une stipulation antérieure à son droit de propriété ; dans ce cas, il cumule la *rei vindicatio* et la *condictio* : au contraire, la *condictio* ne peut naître après la revendication ; il n'est fait d'exception qu'en cas de vol et en cas d'occupation d'un immeuble par la violence.

2. Pégasus voulait qu'elle ne fût donnée que contre le possesseur *animo domini* ; Ulpien a fait prévaloir l'opinion contraire. L'héritier du possesseur n'étant qu'un *possessor juris*, n'est pas tenu de cette action tant qu'il n'a pas pris possession lui-même.

3. Cette solution, donnée par le Sén.-Cons. Juventien spécialement pour la *petitio hereditatis*, a été étendue par les jurisconsultes à toutes les actions réelles.

4. Application de la *clausula doli* implicitement contenue dans la caution *judicatum solvi*.

5. D'après la loi des Douze-Tables, les fruits devaient être rendus au double. Une constitution de Valentinien et Valens l'oblige à restituer les produits de la chose antérieurs à la *litis contestatio* et ne constituant pas des fruits, tant qu'ils n'ont pas été usucapés. Justinien exige la restitution de tous les fruits non consommés.

6. Depuis Valentinien et Valens, il restitue au double ce qui est antérieur à la *litis contestatio*, mais, sous Justinien, toutes les restitutions sont au simple.

7. Sous Justinien, le *jussus* est sanctionné, s'il y a lieu, par l'exécution forcée : il y a doute sur la question de savoir si cette mesure, d'abord considérée comme incompatible avec le système formulaire, n'avait pas été, dans la suite, autorisée par le préteur.

La *condemnatio* de la *rei vindicatio* était *sine taxatione ;* car toute limitation de cette nature aurait conféré au juge le pouvoir de fixer lui-même le chiffre de la condamnation, alors que ce droit, dans les actions réelles, appartient exclusivement au demandeur.

8. Au début de la procédure *in judicio* le défendeur doit *cavere de dolo et culpa*. En cas de mauvaise foi et ed *mora*, la perte ne libère pas le défendeur : s'il a cessé de posséder par dol, il est non seulement passible d'une condamnation, mais il n'a pas le droit d'exiger la cession d'actions, et, par suite, le demandeur garde l'exercice de la *rei vindicatio* contre le tiers détenteur.

Des actions (Suite).

Etude détaillée des principales actions.

REI VINDICATIO

La
rei vindicatio
est donnée

- à celui qui se prétend propriétaire *ex jure Quiritium*; [1.]
- à tout détenteur, même *alieno nomine*; [2.]
- à celui qui a perdu la possession par dol (*dolus pro possessione est*); [3.]
- à celui qui se dit possesseur sans l'être, afin de faciliter l'acquisition au véritable possesseur; [4.]
- pour toutes les choses susceptibles de propriété quiritaire : elle est applicable à une *universitas rerum*, mais non à une *universitas juris* (hérédité). Le père de famille qui revendique son fils est tenu de faire insérer dans la formule une réserve (*præscriptio a parte actoris*) tendant à établir la nature de son droit.

Procédure postérieure à la délivrance de la formule.

I. — *Pronuntiatio :* Constatation du droit du demandeur à la suite des plaidoiries, dépositions de témoins, etc.

II
Arbitrium judicis

- condamnation alternative prononcée contre le défendeur;
- il donne au défendeur le choix entre la restitution de la chose et le paiement de la somme fixée;
- il comporte la détermination du montant des restitutions et de la *causa*;

la *causa* comprend

- 1° la valeur de la chose revendiquée : l'estimation en est faite par le demandeur sous la foi du serment (cette faculté exorbitante a pour but d'élever le taux de la condamnation pécuniaire, et d'intéresser par là le défendeur à effectuer une restitution en nature;

- 2° les fruits
  - le plaideur de bonne foi doit, à compter de la *litis contestatio*, les fruits perçus ou négligés et les acquisitions ou bénéfices se rattachant à la chose; [5.]
  - le possesseur de mauvaise foi (*prædo*) doit la même chose, mais à compter de son entrée en possession. [6.]

III
Jussus judicis

Il consiste dans un ordre adressé par le juge au défendeur, et lui enjoignant de restituer la chose.

effets

- le défendeur est absous s'il restitue immédiatement ou si, en cas d'impossibilité actuelle, il fait une promesse avec satisdation et, le plus souvent, avec stipulation pénale;

- en cas de refus (*contumacia*)
  - le demandeur fixe *sine taxatione* le montant du *quod interest* après avoir préalablement prêté serment; [7.]
  - la chose non restituée appartient au défendeur par usucapion ou immédiatement (**controv.**) à titre de transaction suivant les uns, d'achat suivant les autres : en tout cas, il n'a pas droit à garantie et ne peut se faire céder les actions *legis Aquiliæ* et autres.

- en cas de perte
  - par la faute du défendeur, le juge estime lui-même le dommage, et sous-entend la cession d'action.
  - sans dol ni fraude, depuis la *litis contestatio*, le défendeur n'est condamné qu'aux accessoires et, s'il n'y en a pas, est absous; mais il doit promettre de restituer la chose s'il la recouvre (*cautio de persequenda re*). [8.]

NOTES EXPLICATIVES.

Petitio hereditatis.

1. La qualité d'héritier est indélébile ; elle ne s'éteint ni par usucapion, ni par *præscriptio longi temporis ;* ces modes d'acquérir peuvent s'appliquer aux biens individuellement, mais jamais à l'action elle-même.

2. Le demandeur adresse au défendeur une *interrogatio in jure* sur les causes de sa possession ; en cas de fausse déclaration, le défendeur tombe sous l'application du S.-C. Juventien (*dolus pro possessione est*).

La *petitio hereditatis* supplée aux interdits possessoires qui ne sont pas donnés à l'héritier tant qu'il n'a pas possédé en fait.

3. Ces diverses dispositions émanent du sénatus-consulte Juventien rendu sous Adrien et dont les prescriptions ont pour but de différencier le possesseur de bonne et de mauvaise foi sans distinguer si l'erreur a porté sur le fait ou sur le droit.

Si le possesseur de bonne foi a aliéné un bien, l'action de l'héritier contre le tiers acquéreur est repoussée par l'exception *quod præjudicium hereditati non fiat,* afin d'éviter le recours en garantie.

Il y avait doute parmi les jurisconsultes sur la question de savoir s'il était nécessaire d'insérer expressément l'exception de dol dans la formule de la *petitio hereditatis,* ou si cette exception ne pouvait pas y être considérée comme sous-entendue.

Actions confessoire et négatoire.

4. Le *jus prohibendi* par lequel un co-propriétaire interdit d'innover sans son consentement sur le fonds commun est exercé par voie d'action utile.

L'action négatoire compète au propriétaire qui veut user de son droit absolu.

L'usufruitier ne peut exercer l'action confessoire en la limitant à une servitude prédiale comprise dans son droit d'usufruit ; il doit réclamer par cette action son droit d'usufruit tout entier.

5. Même après la création de ces interdits, le *possessor juris* peut avoir intérêt à exercer les actions confessoire et négatoire en cas de *novi operis nuntiatio,* lorsqu'il y a eu interruption de travaux et qu'à la suite de cette interruption il a renoncé à ces interdits.

6. Peut-être y avait-il exercice simultané des deux actions afin d'obtenir, le cas échéant, la condamnation du demandeur en même temps que l'absolution du défendeur.

En cas de contestation de la propriété du fonds dominant, on insérait dans la formule l'exception : *quod præjudicium prædio non fiat.*

Dans l'action négatoire, certains auteurs pensent qu'il devait y avoir une *interrogatio in jure* afin d'établir sur quel point devait porter la preuve qui d'ailleurs incombe au demandeur.

Des actions (Suite).

Petitio hereditatis.

La *petitio hereditatis* est donnée

- à celui qui se prétend héritier selon le droit civil et qui ne possède pas. [1]
- contre le possesseur [2]
  - *pro herede* — celui qui se dit héritier ou successeur prétorien (*bonorum possessor sine re*);
  - *pro possessore* — *prædo* ou possesseur sans titre ou en vertu d'un titre nul.
- pour
  - l'hérédité entière (*universitas juris*), biens, droits et actions ;
  - toutes les choses dont le défunt n'était pas propriétaire, mais qui lui avaient été prêtées, données en gage, etc., ou dont il avait la possession à un titre quelconque.

La procédure et les effets de la *petitio hereditatis* sont les mêmes que dans la *rei vindicatio*, sauf les différences suivantes :

1º La possession est toujours maintenue au défendeur moyennant la caution *judicatum solvi*;

2º le demandeur doit prouver deux choses : qu'il est héritier et que la *res* est *hereditaria*;

3º la *causa* est calculée comme suit :

le plaideur de bonne foi rend l'hérédité en l'état où elle est au jour du jugement, et de plus, tous fruits, consommés ou non ; il ne doit rien de plus ; il ne rend donc point la chose qu'il a vendue, donnée ou dépensée, mais restitue le prix de vente qu'il a touché et non consommé. Il a droit de retenir toutes les dépenses qu'il a faites.

le plaideur de mauvaise foi est traité comme dans la *rei vindicatio*. — L'héritier supporte la perte des actions éteintes et les cas fortuits antérieurs à la *litis contestatio* : les dépenses nécessaires et utiles peuvent seules être retenues, sauf le cas de perte de la chose sur laquelle elles ont porté. [3]

Actions confessoire et négatoire.

L'action confessoire est donnée pour la reconnaissance d'un droit de servitude personnelle ou prédiale contre tout individu qui la conteste.

L'action négatoire est accordée au propriétaire pour établir l'existence de la servitude dont le défendeur se déclare investi.

Ces actions sont applicables aux servitudes reconnues par le droit civil, mais non pas à la créance d'une servitude à établir; [4]

Elles sont accordées au *possessor juris* comme au possesseur de fait, parce que les interdits quasi-possessoires n'existaient pas au début; [5]

Elles sont données contre quiconque (propriétaire ou possesseur) exerce sans droit une servitude ou en entrave l'exercice : la possession est maintenue *in statu quo ante*;

Elles aboutissent à une promesse de laisser ou de ne point agir, faite sous caution;

La *causa* comprend la restitution des fruits pour l'usufruit et la réparation du dommage pour les autres servitudes. [6]

NOTES EXPLICATIVES.

Action publicienne.

1. Il est nécessaire que les autres conditions de l'usucapion existent réellement; qu'il y ait eu, par exemple, tradition et paiement du prix en cas de vente.

2. Une action publicienne utile est donnée quand il s'agit des fonds provinciaux ou de la quasi-tradition des servitudes : c'est alors une fiction de la *præscriptio longi temporis.*

3. Le *dominus ex jure Quiritium,* défendeur à l'action publicienne, triomphe en opposant l'exception *justi dominii ;* toutefois, s'il est lui-même l'aliénateur ou son ayant cause, on lui oppose avec succès la réplique de dol.

Si le *dominus ex jure Quiritium* agit comme demandeur après avoir vendu ou donné la chose, on lui oppose l'exception *rei venditæ et traditæ* ou *rei donatæ et traditæ.*

Actions servienne et quasi-servienne ou hypothécaire.

4. L'interdit Salvien correspond à la même situation (v. ci-après page 91).

5. A cette preuve on peut répliquer en excipant de l'extinction directe ou indirecte de l'hypothèque ; un autre créancier hypothécaire oppose, s'il y a lieu, la priorité de ses droits, ou exige, s'il ne vient qu'en second et s'il a désintéressé celui qui le précède, la cession de ceux du premier créancier hypothécaire, par l'exception de dol, ou par l'exception *cedendarum actionum.*

6. Si le condamné se borne à une simple promesse de payer, elle doit être garantie par des fidéjusseurs ; en cela, l'action servienne est plus avantageuse que celle du contrat.

Si le défendeur est un tiers détenteur et non pas le débiteur lui-même, l'indemnité peut être même égale à la valeur de la chose.

Les Romains admettent en cette matière la règle *prior tempore, potior jure ;* mais ils ne paraissent avoir pris aucune mesure pour assurer la sécurité des tiers et la publicité de l'hypothèque. Ils n'ont eu, en outre, qu'une notion confuse de la distinction nécessaire entre le gage et l'hypothèque qu'ils ont indifféremment appliqués aux meubles ou aux immeubles.

Action Paulienne.

Nota : En dehors des actions *in rem* prétoriennes énumérées ci-contre, le préteur introduit de nombreuses actions utiles en faveur du gagiste, du superficiaire, de l'emphytéote et du propriétaire d'un fonds provincial : il a, en outre, créé deux sortes de *petitio hereditatis ;* l'une, dite *possessoria,* est donnée au *bonorum possessor cum re,* et l'autre, appelée *fideicommissaria,* est ouverte à celui qui recueille un fidéicommis en vertu du S.-C. Trébellien.

Des actions (Suite).

Action Publicienne.

L'action Publicienne
- consiste en une formule dans laquelle le temps requis pour l'usucapion est réputé accompli (préteur Publicius, vi^e siècle de Rome) ; [1.]
- est donnée à celui qui, se trouvant *in causa usucapiendi* (possesseur de bonne foi et propriétaire bonitaire) a perdu la possession ; [2.]
- est soumise en général aux mêmes règles que la *rei vindicatio ;*
- produit les effets suivants :
  - le propriétaire bonitaire triomphe sur le possesseur de bonne foi ;
  - si les deux plaideurs tiennent leur possession du même auteur, celui qui a possédé le premier triomphe sur l'autre ;
  - s'ils tiennent la possession d'auteurs différents, le possesseur actuel l'emporte. [3.]

NOTA. — L'action rescisoire de l'usucapion ou contraire à la Publicienne était donnée, pendant un an, au propriétaire contre lequel l'usucapion a été accomplie sans qu'il ait pu s'y opposer : certains auteurs ne voient dans cette action qu'une modification préjudicielle de la Publicienne elle-même.

Actions servienne et quasi-servienne ou hypothécaire.

L'action servienne était accordée à l'origine au propriétaire d'un bien rural pour le recouvrement des objets affectés par le fermier à la garantie des fermages. [4.]

L'action quasi-servienne
- a été créée par extension de la précédente ; elle est réelle, *in factum* et arbitraire ;
- est donnée au créancier qui poursuit directement la chose affectée à la sûreté de sa créance, mais n'en obtient que la possession à titre conservatoire : elle n'est exercée qu'à l'échéance et contre le détenteur; le gagiste en use rarement, à cause des interdits qui lui sont ouverts ;
- oblige le demandeur à prouver l'existence de la convention d'hypothèque, celle de la créance et le droit de disposition du constituant; [5.]
- a les effets suivants :
  - le débiteur doit la chose ou la dette, cette dernière à titre de *facultas solutionis;* le créancier hypothécaire a droit de faire vendre la chose et de se payer sur le prix par préférence à tous autres ;
  - la condamnation consiste dans l'obligation d'abandonner la chose ou de payer une indemnité égale à la dette; [6.]
  - si, par dol, la restitution est impossible, le demandeur fixe lui-même, sous serment, le montant de la condamnation ;
  - exercée avant le terme ou la condition, elle entraîne absolution, moyennant promesse de restituer éventuellement la chose : cet engagement est sanctionné par l'action *ex stipulatu.*
- survit
  - s'il y a confusion entre le débiteur et le fidéjusseur avec hypothèque ;
  - contre le *débiteur* de l'action *restitutoria* en cas d'*expromissio* consentie par la femme, contrairement au S.-C. Velléien.

Action Paulienne.

L'action Paulienne
- est accordée aux créanciers pour faire rescinder une aliénation consentie par leur débiteur après la naissance de leur créance et en fraude de leurs droits ;
- est subordonnée à la vente en masse des biens du débiteur d'où résulte la constatation de l'*eventus damni*, et à la preuve que le débiteur a eu le *consilium fraudis ;*
- ne pouvait être intentée contre un ayant cause à titre onéreux que s'il était *conscius fraudis ;*
- est *in rem* lorsqu'il s'agit de rechercher entre les mains des tiers la chose aliénée ;
- est *in personam* si le recours n'est dirigé que contre le débiteur lui-même.

6

NOTES EXPLICATIVES.

Action constitutæ pecuniæ.

1. Justinien a fusionné l'action *constitutæ pecuniæ* du préteur et l'action *receptitia* sous le nom de *pecuniæ constitutæ :* cette dernière est perpétuelle et se donne contre toute personne, pour toute dette, même d'immeubles, à la seule condition qu'il y ait une obligation préexistante.

Le *receptum* était soit une ouverture de crédit, soit un mode d'utilisation de fonds déposés ; aussi ne s'appliquait-il qu'à l'argent et aux métaux précieux.

2. Cette obligation est éteinte *exceptionis ope* et non *ipso jure.*

3. Le fidéjusseur cautionne un débiteur; le constitut corrobore une dette, fût-elle héréditaire, c'est-à-dire sans débiteur connu.

S'il s'agit d'obligations déjà nées, le constitut présente certaines analogies avec la fidéjussion; tandis que cette dernière se rapproche du *mandatum credendæ pecuniæ* s'il s'agit d'une obligation à naître.

Le constitut fait à un nouveau créancier réalise tantôt une *adstipulatio*, tantôt une novation, suivant l'intention des parties.

Justinien permet le constitut pur et simple d'une dette conditionnelle : en droit classique, il était forcément conditionnel.

4. A l'origine, il devait y avoir identité d'objet : mais cette doctrine a été abandonnée par Ulpien comme conséquence de l'admission de la *datio in solutum.*

Justinien accorde les bénéfices de division et de discussion aux fidéjusseurs par constitut.

Action de jurejurando.

5. D'autres voudraient appeler *necessarium* le serment référé.

La délation du serment suppose la disposition du droit : la prestation suppose seulement la conscience de ses actes.

Des actions (Suite).

Action constitutæ pecuniæ.

L'action *constitutæ pecuniæ*	est donnée par le préteur pour corroborer le pacte de constitut, promesse de paiement à jour fixe d'une dette antérieure civile ou naturelle ;
	est analogue à l'action civile *receptitia* donnée contre les banquiers, applicable à tous objets même sans dette préalable (la *receptitia* exigeait sans doute quelques conditions de formes telles que des écritures). [1]

ne comporte aucune forme si ce n'est le consentement exprès du débiteur ;

est *in rem*, c'est-à-dire que le débiteur du constitut peut être autre que celui de la dette primitive ou que le constitut peut être fait à un autre que le créancier primitif;

est muni d'action, malgré la règle *ex pacto actio non nascitur,* parce qu'il consacre une obligation antérieure ; [2]

Le pacte de constitut	présente l'utilité suivante :	il rend possible la concession d'un terme plus éloigné sans modifier l'obligation elle-même ;
		il rend exigibles les obligations naturelles qu'il corrobore ;
		il permet le changement d'objet ou de débiteur et l'addition d'un fidéjusseur ;
		suivant l'intention des parties, il produit ou non une novation, une *expromissio* ou une fidéjussion. [3]

est réductible lorsqu'il excède le montant de la dette antérieure : dans le même cas, la fidéjussion serait nulle;

a pour objet toutes choses qui se comptent, se pèsent ou se mesurent (*pecunia* dans son sens le plus large) ; [4]

fait sans indication de jour, est considéré comme immédiatement exigible ; mais Justinien accorde au débiteur un délai maximum de dix jours.

Action de jurejurando.

L'action *de jurejurando*	est accordée par le préteur lorsque les parties, faute de moyens de preuve, sont convenues de s'en rapporter à la foi du serment ;	
	n'est pas donnée	au cas de serment judiciaire puisqu'il y a alors *confessio in jure* et, par suite, action *confessoria;*
		si le serment porte sur une obligation naturelle (Accarias).
	aboutit au même résultat que l'action du contrat;	
	est toujours personnelle, même si le serment a porté sur un droit réel; aussi, d'après Ulpien, la *præscriptio longi temporis* n'y est-elle pas opposable.	

Le serment est	*judiciale* — déféré par le magistrat,
	voluntarium — déféré par les parties après convention et hors litige,
	necessarium — déféré par les parties pendant le cours du procès. [5]

Le serment	n'est opposable qu'entre les parties, sauf le cas de débiteurs corréaux : pourtant le serment déféré au fidéjusseur sur la dette elle-même libère le débiteur principal;
	est indivisible et peut, par suite, devenir la source d'une action contre celui qui l'a prêté en lui assignant une cause (action *rei uxoriæ* dirigée contre le mari à l'occasion d'une chose qu'il a jurée être dotale).

NOTES EXPLICATIVES.

Actions indirectes.

1. Cette action a été étendue, sous le nom de *quasi-institoire*, à toute opération, même non commerciale ; elle est donnée alors, contre le mandant, aux tiers qui ont traité avec le mandataire. Cette doctrine est l'œuvre de Papinien qui, cependant, n'admet la réciprocité que pour la *procuratio ad litem* : au contraire, Ulpien permet dans tous les cas l'action du mandant contre le tiers, en supposant une cession tacite d'action.

Ce développement de jurisprudence a eu pour but de remédier à l'insuffisance des effets du mandat dans le droit romain qui considérait le mandataire comme contractant personnellement.

2. Ce droit de préférence n'est que l'effet de la compensation qui se produit par suite de l'existence d'obligations naturelles entre le fils ou l'esclave et le *paterfamilias*.

3. Il ne s'agit que de *mutua pecunia ;* le fils de famille reste donc capable d'emprunter autre chose que de l'argent et de s'obliger par tout autre contrat. En revanche, la nullité persiste nonobstant toute novation verbale ou littérale et tout acte simulé, s'agit-il même d'un prêt gratuit.

L'interdiction d'emprunter une somme d'argent est applicable à tout individu en puissance, y compris les filles de famille, mais il fait exception à la règle si l'emprunt est relatif à l'administration des pécules *castrense* ou *quasi-castrense*.

S'il n'y a pas doute sur les faits ni sur les qualités des parties, l'action est refusée par le préteur ; tandis qu'elle est délivrée avec accompagnement de l'exception *macedoniani*, dès qu'il y a allégation d'un cas permis.

La nullité ne laisse subsister aucune charge pour le père ; le fils est tenu d'une obligation naturelle.

4. Ces deux actions ont été complétées par un édit des édiles qui a rendu responsable des accidents survenus tout individu qui détenait à proximité du public un animal dangereux : cette voie de recours n'admet pas l'abandon noxal et peut être cumulée avec l'action noxale *de pauperie*, lorsqu'elle est ouverte. La condamnation, arbitrée par le juge en cas de blessures faites à un homme libre, est fixée dans les autres cas au double du dommage.

Voir page 30, note 6, la *cautio damni infecti*.

5. Ce bénéfice est obtenu moyennant l'insertion dans la formule de la *condemnatio* d'une *adjectio*, ainsi conçue : *in quantum facere possit* ou *de eo quod facere potest.*

Des actions (Suite).

Actions indirectes.

Les actions indirectes

sont de deux sortes

les unes sont données par le préteur aux créanciers du fils ou de l'esclave contre le père de famille ou le maître, à l'occasion d'un contrat ;

les autres, dites noxales, sont accordées entre les mêmes personnes à l'occasion d'un délit ;

ne sont pas des actions spéciales, mais bien une modification accidentelle de la formule ordinaire : on les nomme *actiones adjectitiæ qualitatis.*

Actions indirectes résultant d'un contrat

quod jussu — applicable quand l'obligation a été contractée sur l'ordre du père ou du maître ;

exercitoire — donnée contre le *paterfamilias* armateur d'un navire auquel il a préposé son fils ou son esclave ;

institoire — donnée par le *paterfamilias* qui a préposé son fils ou son esclave à une opération de commerce ; [1]

tributoire — donnée au créancier d'un fils ou d'un esclave qui a employé son pécule en entreprise commerciale avec le consentement du *paterfamilias* (le père, créancier à un titre quelconque, figure au marc le franc dans la répartition) ;

de peculio — relative au recouvrement des dettes contractées par un fils de famille pour l'administration de son pécule — le père a un droit de préférence pour ce qui lui est dû ; [2] les créanciers sont payés dans l'ordre où ils se présentent ;

de in rem verso — donnée au créancier qui prouve que le père ou le maître a profité de l'obligation contractée sans sa volonté.

OBSERVATION. — Le sénatus-consulte Macédonien refuse toute action à celui qui a prêté de l'argent à un fils ou à une fille de famille ; cette exception n'est pas opposable si le père a approuvé l'emprunt ou en a bénéficié, ou bien si le préteur a ignoré, par suite d'erreur ou de fraude, la qualité de l'emprunteur, ou encore si l'emprunteur était militaire. [3]

L'action noxale ordinaire

consiste dans la poursuite d'une réparation pénale contre un *paterfamilias* qui, pour s'y soustraire, pouvait abandonner le fils ou l'esclave auteur du dommage ;

se donne contre celui qui a autorité sur le fils ou l'esclave au moment du procès ;

aboutit

soit à une condamnation pécuniaire infligée au *paterfamilias* et acceptée par lui ;

soit à l'abandon noxal

possible à toute époque, même après condamnation ;

réalisé par une translation de propriété ;

interdit lorsqu'il y avait eu négligence, complicité ou mauvaise foi de la part du *paterfamilias* ;

tombé en désuétude sous Justinien, en ce qui concerne les fils de famille.

L'action noxale *de pauperie*

est relative au dommage causé par un quadrupède ;

est inapplicable si l'animal n'a fait qu'obéir à ses instincts naturels de férocité. [4]

L'effet des actions est entravé par le bénéfice de compétence [5]

droit de n'être pas tenu d'une dette au delà de ses facultés.

accordé

aux ascendants,

au patron, à la patronne et à leur famille,

au mari,

à l'associé,

au débiteur ayant fait cession de biens,

au donateur actionné pour la donation,

au militaire, pour ses dettes.

Par quelles personnes on peut agir (TITRE 10).

Actions de la loi
- nul, en principe, ne peut agir en justice pour autrui ;
- excepté dans les cas
  - d'action populaire — accusation publique,
  - de *causa liberalis* qui exigeait la présence d'un *assertor*,
  - où un tuteur agissait pour le pupille *infans*,
  - où l'on exerçait, *lege hostilia*, l'action *furti* pour des citoyens prisonniers, absents pour le service de l'État, ou dont on avait la tutelle.

Procédure formulaire
- toute personne peut se faire représenter en justice ;
- cette représentation a lieu
  - par un *cognitor* — mandataire judiciairement constitué, par l'entremise duquel la sentence rejaillit directement sur le *dominus litis* ;
  - par un *procurator* — mandataire ordinaire ou simple gérant d'affaires de qui l'adversaire doit exiger caution pour se garantir d'une nouvelle action du *dominus litis* ;
  - par un *defensor* — plaideur sans mandat, agissant pour le défendeur et soumis à la caution *rem ratam dominum habiturum* ou *de rato*.

Sous Justinien
- le *cognitor* ou mandataire judiciaire est supprimé ;
- le *procurator*
  - *præsentis* remplit le même rôle que le *cognitor*,
  - *absentis*
    - lui est assimilé dès qu'il y a mandat authentique,
    - est obligé de donner caution dans le cas contraire,
- le *defensor* reste dans la même situation qu'en droit prétorien.

Des satisdations (TITRE 11).

La satisdation est exigée
- promesse corroborée par des fidéjusseurs ou cautions.
- avant Justinien
  - de celui qui plaide pour lui-même
    - lorsqu'il est défendeur dans une action *in rem* (*cautio judicatum solvi*) ;
    - pour garantir
      - la conservation de la chose,
      - la continuation du procès,
      - l'absence de tout dol ;
  - de celui qui plaide pour autrui
    - lorsqu'il est défendeur dans une action réelle ou personnelle (*judicatum solvi*),
    - lorsqu'il est demandeur dans certains cas (*cautio de rato* lorsqu'elle est exigée) ;
- sous Justinien
  - de celui qui plaide pour lui-même
    - seulement pour garantir qu'il restera dans l'instance jusqu'à la fin,
    - sous forme de fidéjussion, de serment ou de simple promesse ;
  - de celui qui plaide pour autrui
    - lorsqu'il est demandeur sans mandat authentique (*cautio de rato*),
    - lorsqu'il est défendeur (*cautio judicatum solvi*) à moins que la caution ne soit fournie par le *dominus*.

— 88 —

NOTES EXPLICATIVES.

1. A moins qu'elles n'aient été intentées et qu'il n'y ait eu péremption; dans ce cas, la prescription est de 40 ans à dater de la péremption (décision de Théodose le jeune).

2. L'action hypothécaire reste perpétuelle à l'égard du débiteur; elle n'est éteinte par le laps de 40 ans que vis-à-vis des tiers. La condamnation obtenue se prescrit par 30 ans.

3. La prescription court contre les mineurs de 25 ans.

Des exceptions.

4. Exemple : exceptions *legis Cinciæ* (donations), *legis Juliæ* (*nisi bonis cesserit*), *legis Falcidiæ* (demande d'un legs indivisible sans offrir l'estimation de la quarte), etc.

5. Exemple : exceptions *Velleiani* (intercession de la femme), *Macedoniani* (emprunt fait par un fils de famille), *Trebelliani* (*restitutæ hereditatis*, en matière de fidéicommis), etc.

6. Exemple : exceptions *si non et illi solvendo sint* (Constitution d'Adrien, bénéfice de division entre les cofidéjusseurs solvables), de dol (rescrit de Marc-Aurèle pour étendre la compensation aux actions de droit strict). *Observation.* — Suivant certains auteurs, l'insertion de l'exception de dol dans la formule d'une action de droit strict, en vertu du rescrit de Marc-Aurèle, a pour effet de rendre l'action de bonne foi; à l'appui de cette théorie, on cite une constitution d'Antonin : « *replicatio doli opposita, bonæ fidei judicium facit* », et un fragment de Papinien : « *bonæ fidei judicio constituto.* » Suivant d'autres, l'exception de dol serait une menace destinée à obliger le défendeur à faire lui-même la compensation (*deductio*); faute par lui de se conformer à cette règle, il perdrait intégralement son procès : cette dernière opinion repose sur les effets de l'exception de dol, tels qu'ils sont décrits par Gaius. En outre, lorsque la *clausula doli*, introduite dans une action de droit strict, la fait rédiger en action de bonne foi, l'*intentio* est complétée par les mots *ex fide bona* et on n'insère pas l'exception de dol. **Controv.** (Voir les formules, page 97.)

7. Les exceptions de dol et *metus* sont perpétuelles, bien que les actions de même nom soient temporaires.

8. Bien que qualifiées temporaires, ces exceptions, lorsqu'elles sont opposées en temps utile, n'en entraînent pas moins le gain absolu et irrévocable du procès, puisque, dès qu'il est intervenu un jugement, le plaideur peut opposer l'exception perpétuelle *rei judicatæ*.

Parmi les exceptions temporaires, on range les exceptions *litis dividuæ* et *rei residuæ*, lesquelles ne survivent pas à la durée d'une préture; et les exceptions *procuratoriæ* et *cognitoriæ*, lorsqu'une femme, un militaire ou un individu noté d'infamie reçoivent mandat d'agir en justice pour un tiers. Le demandeur qui perdait son procès par une exception temporaire, était arrêté dans la suite par l'exception *rei in judicium deductæ*.

9. Cette exception n'était pas nécessaire dans l'ancien droit, toutes les fois que l'extinction de l'action avait lieu *ipso jure :* sous Justinien on doit toujours recourir à l'exception. *Observation.* — Au point de vue de la forme, les exceptions sont rédigées soit *generaliter* (*in rem scriptæ*), soit *in factum :* dans le premier cas, le juge doit asseoir sa conviction sur l'ensemble des faits de la cause; exemple : exceptions *metus* et de dol; dans le second cas, le juge n'examine qu'un fait; exemple : exceptions *pacti conventi, jurisjurandi, non numeratæ pecuniæ.*

Cependant l'exception de dol opposée à un patron est conçue en fait.

A un autre point de vue, l'exception de dol est dite générale, en ce sens qu'elle comprend le dol, la violence et l'erreur; tandis que l'exception *metus* est également qualifiée générale, parce qu'elle ne comporte aucune désignation de personne, et qu'elle est opposable à tout individu, fût-il même étranger à la violence; tandis que l'exception de dol est dite personnelle, en ce sens que la formule doit désigner l'auteur du dol et que l'exception n'est opposable qu'à cet auteur et à son complice.

L'exception de dol est comprise, c'est-à-dire sous-entendue, dans toute formule d'action de bonne foi; il en est de même de la plupart des exceptions, sauf cependant l'exception *rei judicatæ* qui peut quelquefois aller contre l'équité.

10. Le juge est passible d'une peine si la péremption a lieu par son dol ou sa faute. La péremption d'instance a pour effet de servir de point de départ à une prescription de 40 années.

La limite de 18 mois, antérieure à Justinien, émanait de la loi *Julia judiciaria*, avant laquelle il semble qu'aucune péremption d'instance n'existât dans le droit civil.

Des actions (Suite).

Durée des actions (1) (titre 12)

- **dans le droit romain** :
  - étaient perpétuelles, les actions qui dérivaient du droit civil (excepté certaines actions, notamment, la *querela inofficiosi testamenti*, etc.) et les actions prétoriennes données pour étendre et corroborer le droit civil ;
  - étaient temporaires, les actions prétoriennes contraires aux règles du droit civil.
- **au bas empire** :
  - les actions dites perpétuelles sont limitées à trente ans ; [1.]
  - l'action hypothécaire se prescrit par quarante ans ; [2.]
  - la prescription ne court pas contre les pupilles ; [3.]
  - les actions d'une durée moindre sont dites temporaires.

Peuvent être exercées

- **par les héritiers du créancier** :
  - les actions à l'égard desquelles il y a eu *litis contestatio* ;
  - les actions pénales ou persécutoires de la chose, à l'exception de celles qui ont un caractère personnel, telles que l'action d'injure, la *querela inofficiosi testamenti*, etc.
- **contre les héritiers du débiteur** :
  - les actions *rei persecutoriæ* ;
  - jamais les actions pénales.

Des exceptions (Titre 13).

Les exceptions

- sont un moyen de défense indirect tendant à paralyser l'action du demandeur.
- **sont** :
  - **à raison de leur origine** :
    - de droit civil — résultant :
      - des lois, [4.]
      - des sénatus-consultes, [5.]
      - des constitutions ; [6.]
    - de droit prétorien — destinées à atténuer les rigueurs du droit civil.
  - **à raison de leur nature** :
    - *rei cohærentes* — pouvant être opposées par le débiteur principal, ses héritiers ou les fidéjusseurs ;
    - *personæ cohærentes* — opposables par une personne à une autre et non par les coobligés.
  - **à raison de leur durée** :
    - perpétuelles et péremptoires — opposables en tout état de cause et paralysant l'action pour toujours ; [7.]
    - temporaires et dilatoires — opposables pendant un certain temps et n'entravant que provisoirement l'action du demandeur. [8.]

l'exception *rei judicatæ*

- a pour but de mettre fin aux procès. [9.]
- exige pour être opposée :
  - même objet,
  - mêmes parties,
  - action intentée au même titre.

Des répliques (Titre 14).

On nomme

- réplique la réponse du demandeur aux exceptions de la défense ;
- duplique et triplique les réponses successives échangées entre les parties.

---

(1) La durée des instances est bien plus courte que celle des actions ; dans le droit classique, l'instance légitime était périmée au bout de dix-huit mois ; toute autre instance devait être terminée avant l'expiration des pouvoirs du magistrat qui avait délivré la formule. Sous Justinien, la péremption est encourue après trois ans. [10.]

NOTES EXPLICATIVES.

Des interdits.

1. D'après Gaius, le préteur rend un interdit *quum prohibet* et un décret *quum jubet.*

L'interdit est personnel, en ce sens qu'il appartient à celui à qui il a été délivré : sa date sert de point de départ pour la fixation du droit et de la *causa.*

Ils ont eu pour but, à l'origine, de combler les lacunes de la législation dans des matières d'ordre public, puis dans les questions d'intérêt privé.

L'injonction du préteur mettait fin au procès si les parties s'y soumettaient ; dans le cas contraire, il fallait recourir à une instance ordinaire, mais dont la procédure était plus rapide. Sous Justinien, l'interdit sert de base à une action qui peut être immédiatement intentée devant le juge.

En cas d'aveu, le préteur ne délivrait ni interdit ni action, mais bien un ordre exécutoire *manu militari.*

D'après Gaius, on agissait toujours *per sponsionem* après les interdits prohibitoires; après les interdits restitutoires ou exhibitoires, on procédait *per sponsionem* ou *per formulam arbitrariam* : cette dernière devait être demandée séance tenante.

Le *judicium calumniæ* est applicable dans le cas de recours aux interdits, mais il entraîne condamnation au quart de l'intérêt et non plus au dixième. (Voir page 92.)

2. Exemples d'interdits prohibitoires : *de sepulchro ædificando, de mortuo inferendo, ne quid in loco sacro fiat, ne quid in flumine publico ripave ejus fiat quo pejus navigetur, ne vis fiat ei qui in possessionem missus erit,* etc. Ce dernier est donné par le préteur toutes les fois qu'il attribue la possession à quelqu'un qui n'a point droit à un autre interdit possessoire.

3. Exemples : *de libero homine exhibendo* (cet interdit est perpétuel, ouvert à tous et a pour but de faire exhiber, sans délai et en public, un individu qu'on suppose injustement retenu), *de liberis exhibendis* (en vue de l'exercice de la puissance paternelle), *de liberto exhibendo* (en vue des *operæ* que l'affranchi peut devoir à son patron.

L'action *ad exhibendum* ne se donne que quand il y a un intérêt pécuniaire.

4. Cet interdit n'est point susceptible d'appel, aux termes d'une Constitution de Valentinien et Valens.

5. L'interdit *sectorium* est donné dans le même cas au *bonorum sector,* c'est-à-dire à l'acheteur de biens vendus par le fisc.

6. Il y a lieu à une *fructuaria stipulatio,* sorte d'enchère qui est payée par le perdant en outre des fruits. A défaut de cette stipulation, on a recours à deux actions : *judicium Cascellianum,* qui tend à la restitution de la chose, et *judicium fructuarium,* par lequel on réclame les fruits. Ces actions, appelées *judicia secutoria,* sont une conséquence de la *sponsio.* La procédure spéciale qui suivait les interdits est sans objet sous le régime des *cognitiones extraordinariæ,* puisqu'elle avait principalement pour but de dispenser les parties d'une nouvelle comparution devant le magistrat.

L'interdit *uti possidetis* est annal.

7. Avant Justinien, le succès appartenait, dans l'interdit *utrubi,* à celui des plaideurs qui, dans l'année, avait possédé le plus longtemps : il avait le droit, dans ce calcul, de joindre sa possession à celle de son auteur, pourvu toutefois qu'il ait, en fait, possédé lui-même pendant un certain temps.

Justinien ayant supprimé la condition de temps, a mis sur le même pied le possesseur de meubles et celui d'immeubles.

8. Dans l'ancien droit, on distinguait deux sortes de violences : l'une, *armata,* donnait lieu à restitution de la possession, fût-elle vicieuse ; l'autre, *quotidiana,* exécutée sans armes, ne donnait droit à l'interdit qu'à celui dont la possession n'était pas vicieuse. Cette distinction, corroborée par la loi *Julia de vi,* a disparu sous Justinien.

L'interdit *unde vi* était annal.

9. De ce genre, sont les interdits restitutoires et exhibitoires.

10. Il y avait, dans ce cas, double *sponsio et restipulatio :* tels sont les interdits *uti possidetis* et *utrubi.*

A un autre point de vue, on qualifie doubles les interdits *tam adipiscendæ quam recuperandæ possessionis,* à cause des deux résultats différents auxquels ils peuvent conduire.

Des interdits (Titre 15).

Les interdits **sont** une injonction du préteur à l'une des parties sur la requête de l'autre [1].

sont
- prohibitoires — emportant défense d'accomplir un fait ; [2]
- restitutoires — contenant injonction de restituer quelque chose ;
- exhibitoires — ordonnant de représenter une chose ou un individu. [3]
- non possessoires — en général relatifs à des questions de voirie ou de police.

sont possessoires — *causa possessionis*

adipiscendæ
- *quorum bonorum* — donné au *bonorum possessor* pour le mettre en possession d'une succession ; [4]
- *possessorium* — donné à l'adjudicataire du patrimoine d'un insolvable en vue de l'usucapion ; [5]
- *salvien* — donné au bailleur d'un fonds rural, en vue de la possession des choses affectées par le fermier à la sûreté de sa créance ;
- *quod legatorum* — donné à l'héritier contre les légataires qui ont pris possession du legs sans sa participation.

retinendæ
- *uti possidetis* — relatif aux immeubles — le bénéfice en est accordé à celui qui possède sans vice opposable par l'adversaire ; [6]
- *utrubi* — relatif aux objets mobiliers — a, sous Justinien, les mêmes effets que le précédent. [7]

recuperandæ
- *unde vi* — donné à celui qui a perdu violemment la possession d'un immeuble ; [8]
- *de precario* — donné au bailleur contre le détenteur précaire qui refuse de restituer l'immeuble — étendu aux meubles ;
- *de clandestina possessione* — donné contre celui qui avait pris clandestinement possession d'un immeuble.

tam adipiscendæ quam recuperandæ
- *quem fundum* — donné au demandeur dans l'action en revendication, faute par le défendeur de fournir la caution *judicatum solvi*;
- *quam hereditatem* — même interdit pour la pétition d'hérédité ;
- *quem usumfructum* — même interdit pour la pétition d'un droit d'usufruit.

sont
- simples — dans lesquels les plaideurs remplissent chacun un rôle différent ; [9]
- doubles — dans lesquels chaque plaidant est à la fois demandeur et défendeur. [10]

NOTES EXPLICATIVES.

De la peine des plaideurs téméraires.

1. Les avocats des parties étaient également soumis au serment.

L'action *calumniæ*, tombée en désuétude sous Justinien, faisait encourir une amende du dixième de l'intérêt en cause ; mais il était nécessaire que la mauvaise foi fût établie.

S'il y avait eu *sponsio*, la peine était encourue sans qu'il y eût lieu d'examiner l'intention.

2. Certaines actions doublent *per infitiationem* : legs faits à des églises, *actio judicati*, *actio depensi*, *actio damni injuriæ*.

3. On cite encore les actions *bonorum in raptorum*, *injuriarum*, *de dolo*, *depositi directa*, *pro socio*, etc. Un pacte intervenu sur un délit laisse subsister l'infamie, parce qu'il est considéré comme un aveu.

Parmi les peines qui pouvaient atteindre les plaideurs, il convient de mentionner également l'amende de 50 sous d'or encourue par celui qui, sans l'autorisation du préteur, appelle en justice son patron ou son ascendant.

De l'office du juge.

4. Ces pouvoirs diffèrent suivant la nature de l'action intentée.

5. Sous le système formulaire, il est en outre tenu d'observer strictement la formule, sinon il fait le procès sien ; il doit renvoyer au magistrat les questions de droit qui seraient soulevées. La violation de la loi et du droit rend le juge responsable et frappe la sentence de nullité.

En cas d'action *ad exhibendum*, le juge doit, à défaut d'exhibition, prononcer une condamnation égale à l'intérêt du demandeur au jour de l'ordre du magistrat. Si la restitution est promise, mais ne peut être faite pour une juste raison, le juge doit absoudre le défendeur moyennant caution.

En cas d'adjudication, le juge doit attribuer à chacun la part qui lui revient et allouer soit une soulte en cas de partage inégal, soit des indemnités contre celui qui a recueilli indûment les fruits ou détérioré la chose.

6. Le possesseur de mauvaise foi restitue tous les fruits, qu'il les ait ou non perçus ; le possesseur de bonne foi n'a rien à prétendre pour les fruits qu'il n'a pas perçus et qui sont acquis au propriétaire.

Des accusations publiques.

7. Les citoyens jouaient le rôle du ministère public, institution inconnue du droit romain. Les femmes et les impubères étaient exclus de cette mission : l'affranchi ne pouvait agir que s'il était personnellement lésé, ou s'il avait au moins 30000 sestèrces de fortune.

8. Cette création est du septième siècle de Rome.

9. Cette pénalité consistait dans l'infamie et dans une peine pécuniaire.

Exemples d'accusations publiques :

Lex Julia majestatis — complot contre l'empereur ou contre l'Etat — mort et condamnation de la mémoire ;

Lex Julia de adulteriis coercendis — peine de mort (avant Constantin, il y avait relégation et confiscation) ;

Lex Cornelia de sicariis — homicide, empoisonnement — mort pour les esclaves, déportation pour les hommes libres;

Lex Pompeia de parricidiis — parricide — le coupable, après avoir été frappé de verges, était cousu dans un sac avec un chien, un coq, une guenon et une vipère, et était ainsi jeté à l'eau.

Lex Cornelia de falsis ou *testamentaria* — faux testament et falsification de sceaux, — mort pour les esclaves, déportation pour les hommes libres;

Lex Julia de vi privata — violence sans armes — vente du tiers des biens.

Lex Julia de vi publica — violence avec armes — déportation.

Lex Julia peculatus — soustraction des deniers publics — par des magistrats, mort — par tous autres, déportation ;

Lex Fabia de plagiariis — trafic sur la liberté d'un homme — mort ou mines suivant les cas;

Lex Julia repetundarum — vénalité des magistrats — exil, déportation ou mort.

Lex Maria ambitus — brigue dans les élections (abrogée pour Rome) — dans les municipes, amende de 100 sous d'or.

Lex Julia de Annona — accaparement des grains — amende de 20 *aurei*.

Constitution de Justinien — rapt avec violence — mort contre l'auteur et ses complices.

De la peine des plaideurs téméraires (Titre 16).

Les plaideurs téméraires étaient retenus :
- par la prestation d'un serment imposé au demandeur et au défendeur ; [1]
- par la crainte d'une peine pécuniaire
  - les frais du procès,
  - une condamnation double dans certains cas ; [2]
- par la menace de l'infamie qu'entraîne la condamnation dans certaines actions (tutelle, mandat, vol, etc.). [3]

De l'office du juge (Titre 17).

L'office du juge
- est l'ensemble des pouvoirs qui lui sont confiés ; [4]
- consiste
  - à statuer conformément aux lois ; [5]
  - à statuer sur les fruits
    - qui sont restitués par le possesseur de mauvaise foi ;
    - qui sont laissés au possesseur de bonne foi lorsqu'il les a consommés. [6]

Des accusations publiques (Titre 18).

Les poursuites criminelles
- avaient lieu à la requête de tout citoyen ; [7]
- étaient dirigées à l'origine suivant une procédure particulière pour chaque crime (*questiones perpetuæ*) ; [8]
- furent intentées dans la suite en la forme des *cognitiones extraordinariæ* ;
- étaient dites
  - capitales, si elles entraînaient contre l'auteur la mort, l'interdiction de l'eau et du feu, la déportation ou les mines ;
  - simplement publiques, dans le cas où le coupable encourait une peine moins grave. [9]

APPENDICE

Possession de biens.

La *bonorum possessio edictalis* est un acte de juridiction gracieuse; elle peut être répudiée lorsqu'elle est ouverte.

Au contraire, la *bonorum possessio decretalis* est un acte de juridiction contentieuse et, comme elle n'est déférée que sur demande expresse, elle ne peut donner lieu à une répudiation.

Elle est applicable en cas d'obstacle temporaire à l'acquisition d'un droit, ou d'impossibilité légale de l'obtenir (Accarias). Elle est conservatoire et provisoire et donnée *sine re;* cependant, bien qu'il ne puisse revendiquer, le *bonorum possessor ex decreto* est à l'abri de toute revendication de la part des tiers : il ne transmet pas son droit qui est personnel.

Elle a dû, au début, être donnée en cas d'insuffisance de l'édit, et produisait alors les mêmes effets que si elle était *edictalis;* tel est le cas où il y a omission d'un posthume et envoi en possession d'un émancipé institué.

Le curateur du fou ne pouvant demander la *bonorum possessio edictalis*, on donnait au fou la *decretalis*.

L'édit Carbonien ayant décidé que le jugement d'une question d'état serait différé jusqu'à la puberté de l'enfant dont l'état est contesté, a créé la *bonorum possessio carboniana*, laquelle est une dévolution provisoire des *bonorum possessiones contra tabulas* ou *unde liberi* suivant le cas. L'impubère et le fou sans fortune sont entretenus aux frais de la succession, sans qu'on puisse répéter contre eux les dépenses, quelle que soit l'issue du procès. La suspension de ce procès étant ordonnée exclusivement dans l'intérêt de l'impubère, on passe outre s'il y a crainte de voir disparaître certaines preuves.

Des constitutions impériales ont étendu l'édit Carbonien même en l'absence de contestation de succession.

La *bonorum possessio Carboniana* n'est jamais donnée aux descendants par les femmes; elle suppose omission sauf pour les posthumes institués, chez qui la filiation est une condition nécessaire.

Elle donne droit à l'interdit : *quorum bonorum*, parce qu'elle n'est que la modification d'une *bonorum possessio edictalis;* toute autre *bonorum possessio decretalis* ne donne droit qu'à l'interdit : *Ne vis fiat ei qui in possessionem missus erit.*

La *bonorum possessio* est *cum re* ou *sine re :* dans les deux cas, elle entraîne gain de cause dans l'interdit *quorum bonorum* et dans les actions fictices intentées contre les débiteurs du *de cujus; cum re*, elle donne gain de cause contre l'héritier dans la *petitio hereditatis*, grâce à l'exception de dol, et permet de parvenir à la propriété quiritaire par une usucapion opposable à l'héritier.

A l'origine, on n'a donné la possession *cum re* qu'à l'héritier lui-même ou en l'absence d'héritier ; plus tard, sous Adrien et Antonin, la *bonorum possessio contra tabulas* est donnée *cum re* (obligation de payer les legs et limitation du droit des filles émancipées omises à la part qu'elles obtenaient par le *jus accrescendi);* il en est de même de la *bonorum possessio secundum tabulas*, s'il y a nullité de forme, rupture du testament par un posthume qui n'a pas survécu ou par la confection d'un testament postérieurement détruit, ou lorsque, grâce à la nullité du testament, l'institué hérite *ab intestat.*

Au contraire, la *bon. poss. secundum tabulas* est donnée *sine re* à l'héritier d'une femme non autorisée par son tuteur, ou d'un incapable quelconque (sous Gaius, toutes les fois que la femme n'est pas une affranchie, le premier cas est tenu pour nullité de pure forme).

Justinien supprime la *bon. poss. unde decem personæ* devenue inutile, eu égard au nouveau mode d'émancipation ; il supprime également les *bon. poss. tum quem ex familia, unde patronus et patrona, unde cognati manumissoris*, par suite des réformes apposées à la succession des affranchis.

La *bonorum possessio* est toujours donnée *cum re;* elle procure sans usucapion la propriété quiritaire. Enfin elle n'a plus besoin d'être demandée ; il suffit d'une simple manifestation de volonté.

Dans le principe, il fallait une demande solennelle et l'expiration du délai emportait déchéance, mais ne courait que de la connaissance acquise du droit et était suspendue par force majeure. Constance avait détruit la rigueur du délai et admis la validité d'une demande prématurée.

L'attribution avait lieu sans examen du fait, lequel relevait du juge de l'interdit *quorum bonorum* ou de la pétition d'hérédité. La *bon. poss.* ne pouvait être accordée sur la demande d'un intermédiaire que s'il y avait ratification.

Modalités des obligations.

I. Terme. — Lorsque le terme est exprimé, le dernier jour appartient au débiteur; s'il a été stipulé dans l'intérêt du créancier, il peut être devancé par lui s'il résulte d'un acte entre vifs, mais non s'il émane d'un testament. Le terme extinctif, inconnu du droit civil, n'éteint jamais de plein droit les créances, fussent-elles nées de contrats de bonne foi ; le droit prétorien accorde dans ce cas l'exception *pacti conventi* et *doli mali*.

S'il s'agit d'une rente viagère constituée entre vifs, on accorde la *condictio incerti*, en l'envisageant comme une créance totale incertaine et dont les paiements sont échelonnés : si la vente provient d'un legs, on accorde la *condictio certi*, en considérant chaque arrérage comme un legs distinct, une créance certaine, mais en nombre indéterminé. Afin d'éviter l'effet extinctif de la *litis contestatio* dans le premier cas, le préteur vient en aide au stipulant en insérant dans la formule une *præscriptio a parte actoris*.

Le terme tacite résulte des circonstances qui impliquent une impossibilité immédiate d'agir.

II. La condition vicie les actes légitimes, qu'elle soit réelle ou apparente, c'est-à-dire arrivée ou non, mais inconnue.

Certains contrats comportent des conditions tacites : telle est, en matière de dot, la condition *si nuptiæ sequantur*.

La condition impossible, si elle est négative, rend l'obligation pure et simple.

La condition illicite peut consister dans un fait qui ne pouvait être promis, pourvu que ce fait dépende d'un tiers.

La condition est défaillie lorsqu'elle devient impossible ; elle est indivisible en ce sens qu'on ne tient pas compte d'un accomplissement partiel ; elle est réputée accomplie si elle est entravée par le débiteur. Les actes faits *pendente conditione* peuvent être attaqués par l'action Paulienne, mais seulement après que la condition est accomplie. L'obligation ne naît pas faute d'objet si la chose est périe ou si la capacité du promettant a disparu. La condition accomplie rétroagit; il s'ensuit que le *pater familias* bénéficie du contrat quand bien même le stipulant serait devenu *sui juris :* par la même raison, une acceptilation antérieure à l'arrivée de la condition éteint la créance.

La condition résolutoire est inconnue du droit civil comme le terme extinctif; toutefois, le préteur consacre l'une et l'autre par voie d'exception : cependant le droit civil reconnaît la condition résolutoire qui porte sur un contrat consensuel.

La stipulation pénale est régie par les règles ordinaires de l'obligation conditionnelle; elle peut seule être demandée en cas de contrat de droit strict; dans les contrats de bonne foi, le créancier a le choix entre la peine et la chose. La stipulation pénale n'est cumulée avec l'obligation principale qu'en cas de prêt d'argent où elle est limitée aux intérêts moratoires. La condition étant indivisible, la peine est due tant que les héritiers du promettant n'ont pas exécuté l'obligation principale tout entière.

III. Obligations alternatives. — Le choix en principe appartient au débiteur : Justinien décide que s'il a payé les deux choses, il a le droit de reprendre celle qu'il veut. En cas de perte par cas fortuit, le débiteur peut offrir le prix de la chose périe : s'il est en faute pour l'une et que l'autre périsse, le créancier a l'action de dol ou *in factum*.

L'obligation facultative diffère de la précédente en ce que l'une des choses est *in obligatione*, détermine la nature de la dette et entraîne libération du débiteur en cas de perte : l'autre est *in solutione tantum* et due à titre subsidiaire.

IV. Une obligation est indivisible lorsque l'objet ne se prête pas à une décomposition et conduit forcément à une demande et à une condamnation *in solidum*. Au contraire, l'obligation divisible aboutit à une poursuite et à une condamnation divisées; elle résulte de la transmission d'une succession ; les parts de dette sont proportionnelles aux parts héréditaires : la divisibilité résulte encore de la volonté des parties ou de l'objet de l'obligation.

Les obligations de faire ou de ne pas faire peuvent parfois être divisibles suivant certains auteurs; exemple : les *operæ* ou l'obligation *amplius non agi*.

V. *Accessio*. — On nomme ainsi une forme de mandat irrévocable sans le consentement du débiteur, et qui prend fin dès qu'il y a eu *litis contestatio* par le créancier : le mandataire se nomme *adjectus solutionis gratia*.

Une autre forme d'*accessio* se nomme *adstipulatio* et a pour but de répondre à l'exigence du droit classique : *Nemo alieno nomine lege agere potest*. L'*adstipulator* est un créancier et en même temps le mandataire du stipulant : l'*adstipulatio* est un contrat accessoire qui peut être moins onéreux pour le débiteur, mais ne saurait l'être plus que l'obligation principale : le droit de l'*adstipulator* est absolu vis-à-vis du débiteur, mais il y a obligation vis-à-vis du créancier principal et même délit (loi *Aquilia* deuxième chef, page 61). L'*adstipulatio* est éteinte par la *capitis deminutio* et intransmissible aux héritiers.

Exceptions à la règle : *Nemo alteri stipulari potest :*

Donations avec charges au profit d'un tiers;

Dot par un père avec clause de restitution à lui ou après sa mort, à son fils ; ce dernier, même exhérédé, devient créancier ;

Prêt d'argent avec pacte adjoint prescrivant de payer à un tiers qui acquiert la *condictio ;* il ne pouvait acquérir de cette façon l'action quasi-servienne ;

Esclave vendu avec clause de ne pas le dépayser (*actio venditi*) ;

Immeuble constitué en dot; s'il y a éviction, le donateur peut agir en garantie.

Mandatum credendæ pecuniæ.

Ce mandat est une forme d'*intercessio* par laquelle un tiers devient créancier d'une personne sur l'ordre et aux risques d'une autre. Ce contrat présente de l'analogie avec la fidéjussion ; le mandant est une sorte de fidéjusseur mais sans paroles et sans solennités, et son obligation précède celle du débiteur principal.

Au point de vue des bénéfices, le mandant a droit à la cession des actions du mandataire créancier ; la division découle du contrat et non du rescrit d'Adrien, et la discussion a été donnée seulement par Justinien.

Les actions n'ayant pas même objet sont indépendantes et la cession peut en être demandée même après la condamnation. Le payement fait par le mandant ne libère le débiteur principal que par voie d'exception. La loi *Cornelia* n'a pas été appliquée au *mandatum credendæ pecuniæ* : cette forme de fidéjussion n'a lieu que pour les obligations résultant d'un *creditum*.

Procuratio in rem suam.

La *procuratio in rem suam*, inconnue sous les actions de la loi, comme le mandat *ad litem*, supplée au mode d'aliénation directe : c'est une cession d'action qui peut s'effectuer sans le concours du débiteur et qui n'est définitive qu'après que la *litis contestatio* a fixé le droit dans les mains du cessionnaire ; jusqu'à cette époque, le débiteur paye valablement entre les mains du cédant, et peut obtenir de lui acceptilation ; la cession peut être révoquée comme tout mandat et s'éteint par la mort du cédant ou du cessionnaire.

A la fin de l'époque classique, on oblige le *procurator* à signifier son droit au débiteur ; mais, moyennant cette formalité, il devient un véritable acheteur de créance ; dans la suite, on sous-entend la *procuratio in rem suam* dans le cas de vente d'hérédité (Antonin le pieux), dans le cas de pluralité de tuteurs (Septime Sévère et Caracalla), puis enfin dans tous les cas de transport de créance ; toutefois, la cession tacite doit être signifiée au débiteur.

Le cessionnaire à titre onéreux de droits litigieux n'a d'action que jusqu'à concurrence du prix qu'il a payé, à moins qu'il ne s'agisse d'une dation en paiement, d'une cession de droits héréditaires à un cohéritier ou d'une cession faite en exécution d'un legs ou d'un fidéicommis. Si le cédant a déclaré faire donation du surplus du prix, Justinien considère la cession comme onéreuse pour le tout.

La cession de la créance principale entraîne cession des accessoires et des actions *adjectitiæ qualitatis* (indirectes), si le débiteur est *alieni juris ;* on excepte de cette transmission les privilèges attachés à la personne ; cependant, le cessionnaire peut obtenir la *restitutio in integrum* du chef du cédant mineur de 25 ans.

La garantie de la cession s'applique à l'existence de la créance et non pas à la solvabilité du débiteur.

Pacte de non petendo.

Ce pacte se présente sous deux formes : *intra tempus*, c'est alors la concession d'un terme ; *ne petatur*, il équivaut à une remise absolue de la dette. Il n'exige aucune solennité, est applicable à toute obligation et accessible même aux *alieni juris* s'il a trait à l'administration de leur pécule ; il opère par voie d'exception et peut être détruit par un autre pacte ; il est d'origine prétorienne et diffère de l'*acceptilatio* par les points ci-dessus relevés.

Si le pacte est fait *in rem*, c'est-à-dire sans acception de personnes, il libère tous les coobligés ; s'il est *in personam*, c'est-à-dire s'il nomme celui à qui il est accordé, il ne décharge que celui-là seul et ceux qui seraient admis à recourir contre lui (fidéjusseurs, débiteurs corréaux s'il y a société entre eux). Le pacte, personnel en la forme, peut, en raison de l'intention, être réputé *in rem ;* fait par un co-créancier, il ne libère le débiteur que pour sa part.

Mora.

La mise en demeure fait courir les intérêts, oblige à restituer les fruits et transfère les risques ; cependant, dans les contrats de bonne foi, le débiteur a, sur ce dernier point, la ressource de prouver que la chose eût également péri chez le créancier.

Elle résulte d'une *interpellatio* effectuée avec toutes les conditions requises pour la validité d'un payement (dette échue, créancier capable, lieu du payement, etc.) : elle suppose la mauvaise foi chez le débiteur, car, à défaut de cette condition, la *litis contestatio* elle-même n'opère pas mise en demeure.

Les effets de la *mora* sont personnels, *même en cas de corréalité.* La *mora* résulte *de plano* d'un délit ou d'un acte de violence ; elle ne court pas de plein droit en faveur du mineur de 25 ans, qui cependant a droit aux intérêts ; elle est purgée par une offre valablement faite ou par une novation régulière.

La règle *dies interpellat pro homine* n'est pas vraie en droit romain, même en cas de stipulation pénale ; le terme y joue le rôle de condition.

Principales formules des Actions.

Nota. — Ces formules sont tirées du 4ᵉ commentaire de Gaius : *Aulus Agerius* y représente le demandeur (*qui agit*), et *Numerius Negidius* le défendeur (*qui negat*).

I. Actions de la loi.

Sacramentum. — Formule de l'action *in rem*.

Le demandeur : *Hunc ego hominem ex jure Quiritium meum esse aio secundum suam causam, sicut dixi; ecce tibi vindictam imposui.*

Le défendeur : Même réponse.

Le préteur : *Mittite ambo hominem.*

Le demandeur : *Postulo anne dicas qua ex causa vindicaveris?*

Le défendeur : *Jus peregi sicut vindictam imposui.*

Le demandeur : *Quando tu injuria vindicavisti; D æris sacramento te provoco.*

Le défendeur : *Similiter ego te.*

Manus Injectio.

Quod tu mihi judicatus sive damnatus es, sestertium X millia, quæ dolo malo non solvisti, ob eam rem ego tibi sestertium decem millium judicati manus injicio.

II. Procédure formulaire. — Actions.

Action Publicienne.

Iudex esto; si quem hominem Aᵘˢ Aᵘˢ emit et ei traditus est, anno possedisset, tum si eum hominem de quo agitur, ejus ex jure Quiritium esse oportere, judex condemna, si non absolve.

Action *Furti* utile (contre un pérégrin).

Iudex esto; si paret ope consiliove Dionysii Aᵒ Aᵒ furtum factum esse pateræ aureæ, quam ob rem eum, si civis romanus esset, pro fure damnum decidere oporteret.

Parties de la formule :

Demonstratio : Quod Aᵘˢ Aᵘˢ Nᵒ Nᵒ hominem vendidit, ou encore : *Quod Aᵘˢ Aᵘˢ apud N. N. hominem deposuit;*

Intentio certa : Si paret Nᵘᵐ N. Aᵒ Aᵒ Sestertium X millia dare oportere;

ou encore : *Si paret hominem ex jure Quiritium Aⁱ Aⁱ esse;*

Intentio incerta : Quidquid paret Nᵘᵐ N. Aᵒ A. dare facere oportere;

Adjudicatio : Quantum adjudicari oportet, judex Titio adjudicato.

Condemnatio certa : Iudex Nᵘᵐ N. Aᵒ A. Sestertium X millia condemna; si non paret absolve.

Condemnatio incerta cum taxatione : Iudex Nᵘᵐ N. Aᵒ A, duntaxat X millia condemna; si non paret, absolve.

Condemnatio infinita : Quanti ea res erit, tantam pecuniam Nᵘᵐ N. Aᵒ A. condemna; si non paret, absolvito.

Formule *in factum* contre l'affranchi qui appelle en justice son patron sans l'autorisation du magistrat.

Recuperatores sunto; si paret illum patronum ab illo liberto contra edictum illius prætoris in jus vocatum esse, recuperatores illum libertum illi patrono sestertium X millia condemnanto; si non paret absolvunto.

Action *depositi* (in jus) :

Quod Aᵘˢ A. apud Nᵘᵐ N. mensam argenteam deposuit, qua de re agitur, quidquid ob eam rem Nᵘᵐ N. Aᵒ A. dare facere oportet ex bona fide ejus, id judex N. N. Aᵒ A. condemnato; si non paret, absolvito.

Action *depositi* (in factum) :

Iudex esto : si paret Aᵘᵐ A. apud Nᵘᵐ N. mensam argentam deposuisse, eamque dolo malo Nⁱ N. Aᵒ A. redditam non esse, quanti ea res erit, tantam pecuniam judex Nᵘᵐ N. Aᵒ A. condemnato; si non paret, absolvito.

Nomination d'un *cognitor* :

Quando ego a te fundum peto, in eam rem Lucium Titium tibi cognitorem do.

Quando tu a me fundum petis, in eam rem Publicum Mævium cognitorem do.

Formule du plaideur pour autrui :

Si paret Nᵘᵐ N. P. Mævio Sestertium X millia dare oportere, Iudex Nᵘᵐ N. Lucio Titio Sestertium X millia condemna; si non paret, absolve.

Action *in rem per sponsionem* :

Si homo de quo agitur ex jure Quiritium meus est, Sestertios XXV nummos dare spondes?

III. Procédure formulaire. — Exceptions.

Exception de dol :

Si in ea re nihil dolo malo Aⁱ Aⁱ factum sit neque fiat.

Exception *metus* :

Si in ea re nihil metus causa factum est.

Exception *de non petendo* :

Si inter A^{um} A. et N^{um} N. non convenit ne ea pecunia peteretur.

Réplique :

Si non postea convenerit ut eam pecuniam petere liceret.

Exception *rei judicatæ* :

Si ea res judicata non sit.

Exception *rei judicium deductæ* :

Si ea res in judicio deducta non sit.

Præscriptiones a parte actoris.

Pour la réserve des termes non échus :

Ea res agatur cujus rei dies fuit.

Pour obtenir mancipation d'un fonds déjà livré :

Ea res agatur de fundo mancipando.

Præscriptiones a parte rei.

Réserve d'une question d'hérédité :

Ea res agatur quod præjudicium hereditati non fiat.

IV. Interdits.

Unde vi :

Unde tu illum vi dejecisti, de eo quæque ille tunc habuit, tantummodo intra annum, post annum de eo quod ad eum pervenit, judicium dabo.

Uti possidetis :

Uti nunc possidetis, quominus ita possideatis, vim fieri veto.

Utrubi :

Utrubi hic homo de quo agitur apud quem majore parte hujus anni fuit, quominus is eam ducat, vim fieri veto.

PRINCIPAUX JURISCONSULTES ROMAINS

NOMS	DATE	EMPEREURS contemporains	OUVRAGES	OBSERVATIONS
Cneius Flavius	an de Rome 450		*Jus Flavianum*	Divulgation des fastes et des formules.
Tiberius Coruncanius	509			
Sextus Ælius	553		*Jus Ælianum* ou *Tripertita*	Nouvelle divulgation des formules.
Labéon	Vers 730	Auguste		Proculien.
Capiton				Sabinien.
Masurius Sabinus	an de Jésus-C. 14	Tibère		Id.
Coccéius Nerva	14	Id.		Proculien.
Semp. Proculus	14	Id.		Id.
C. Cassius	14	Id.		Sabinien.
Juventius Celsus				Proculien.
Celsus le fils				Id.
Priscus Javolénus	98	Trajan		Sabinien.
Neratius Priscus				Proculien.
Salvius Julianus	117	Adrien	*Edit perpétuel* (1)	Sabinien.
Cæcilius Africanus	138	Antonin le Pieux		
Terentius Clemens	138	Id.		
Sextus Pomponius			*Traité de origine juris et omn. magistr. et success. prudentium*	
Volusius Mæcianus				
Scævola	161	Marc-Aurèle		
Ulpius Marcellus				
Gaius	161	Id.	*Institutes*	
Papinien	193	Septime-Sévère et Caracalla	*Quæstion. responsor. et definition. libri* (2)	
Domit. Ulpianus	212	Caracalla	*Liber singularis regular. Ulpiani*	
Julius Paulus			*Pauli receptarum sententiarum libri V.*	
Venuleius Saturninus	212	Id.		
Callistratus				
Marcianus				
Florentinus	212	Id.		
Macer				
Modestinus				
Tribonien			*Commissaires chargés de la préparation du Digeste et des Institutes.*	
Théophile	530	Justinien		
Dorothée				

(1) En l'an de Rome 687, une loi *Cornelia* avait obligé les préteurs à publier leur édit (*lex annua*).
(2) Une constitution de Théodose le Jeune, dite loi des Citations, avait déclaré en 426 qu'on n'aurait plus égard qu'aux écrits de Papinien, Paul, Gaius, Ulpien et Modestin ; en cas de partage entre ces jurisconsultes, l'avis de Papinien devait l'emporter.

DATE ET OBJET

DES PRINCIPALES DISPOSITIONS LÉGISLATIVES DU DROIT ROMAIN

(1) Suivant d'autres interprètes, la loi *Junia* serait de l'an 671 de Rome, parce que la loi *Ælia Sentia* parle des affranchis latins, qu'elle n'a cependant pas créés : cette opinion paraît contredite par un texte de Cicéron et un texte d'Ulpien.

Bar-le-Duc — Imp. L. Philipona et Cᵉ — 1114

Bar-le-Duc. — Typographie L. PHILIPONA et Cᵉ. — 1114.

www.ingramcontent.com/pod-product-compliance
Lightning Source LLC
Chambersburg PA
CBHW071525200326
41519CB00019B/6067